房地产税国际经验指南
（上册）

——税制、评估及实践

刘 威 何 杨 编著

中国财经出版传媒集团

经济科学出版社

Economic Science Press

图书在版编目（CIP）数据

房地产税国际经验指南．上册，税制、评估及实践/
刘威，何杨编著．--北京：经济科学出版社，2022.9
ISBN 978 - 7 - 5218 - 3290 - 7

Ⅰ．①房… Ⅱ．①刘…②何… Ⅲ．①房地产税 - 经
验 - 世界 - 指南 Ⅳ．①F811.4 - 62

中国版本图书馆 CIP 数据核字（2021）第 253977 号

责任编辑：高　波
责任校对：孙　晨
责任印制：王世伟

房地产税国际经验指南（上册）
——税制、评估及实践
FANGDICHANSHUI GUOJI JINGYAN ZHINAN（SHANGCE）
——SHUIZHI，PINGGU JI SHIJIAN

刘　威　何　杨　编著
经济科学出版社出版、发行　新华书店经销
社址：北京市海淀区阜成路甲 28 号　邮编：100142
总编部电话：010 - 88191217　发行部电话：010 - 88191522
网址：www. esp. com. cn
电子邮箱：esp@ esp. com. cn
天猫网店：经济科学出版社旗舰店
网址：http://jjkxcbs. tmall. com
北京季蜂印刷有限公司印装
710×1000　16 开　13.25 印张　200000 字
2022 年 9 月第 1 版　2022 年 9 月第 1 次印刷
ISBN 978 - 7 - 5218 - 3290 - 7　定价：68.00 元
（图书出现印装问题，本社负责调换。电话：010 - 88191510）
（版权所有　侵权必究　打击盗版　举报热线：010 - 88191661
QQ：2242791300　营销中心电话：010 - 88191537
电子邮箱：dbts@ esp. com. cn）

序　言

从全球实践来看，对土地及地上房屋、建筑物等不动产（或房地产）的保有征收房地产税是一种十分普遍的做法。在征收房地产税的国家和地区中，房地产税都是作为市县一级地方政府税收，而且地方政府拥有不同程度的房地产税立法、征管和决定收入如何使用的权力。

作为地方政府的一项独立、稳定的税收收入来源，房地产税的重要性在不同国家和地区得到了不同程度的关注、发展和验证。第一，房地产税是地方政府财政收入的稳定来源，为地方公共服务提供资金保证。第二，房地产税是地方政府自主收入，特别是在一些财政分权程度较高的国家，地方政府可以根据当年公共服务需求来决定征收多少房地产税，以及将房地产税用于哪些公共服务，从而能够更加有效地为当地居民提供更好的公共服务。第三，房地产税是一种受益税，相比所得税、消费税等税种，房地产税的纳税与享受公共服务之间的对应性更强，税负分担更为有效，也有利于居民对当地公共服务的提供进行监督和问责。第四，房地产税是对家庭存量财产的课税，能够促进社会财富公平分配。第五，房地产税能够增加保有住房和土地的成本，促进土地资源的高效利用。在具备上述优势的同时，房地产税作为直接税，纳税人对于房地产税的税负大小和税负的变化更加敏感。甚至可以说，房地产税在全球也被认为是"不受欢迎的税种"。为了提高纳税人对于房地产税的接受程度，很多国家和地方通过一系列干预措施，试图稳定房地产税的税负水平。可惜，这些做法往往是"短视的""局部性的"，反而带来税制的不公平，也削弱了上述房地产税的优势。

2003年，党的十六届三中全会上首次提出房地产税改革。一直以来，国内关于房地产税是否开征、何时开征、如何开征的讨论从未间断。经过多年的讨论和试点实践，在房地产税改革对健全地方税体系、提高地方公共服务提供效率和资金可持续性，缓解对于土地财政的依赖程度、降低地方政府债务风险、促进社会财富公平分配，以及建立住房市场健康发展长效机制等方面的作用与意义形成了一定共识。尽管如此，也应当注意到，房地产税改革从提出至今已有近20年时间；2013年，党的十八届三中全会中央政府推动房地产税立法距今也有近10年时间。房地产税改革之所以迟迟未能推出，一方面，是因为房地产税涉及千家万户的切身利益，其改革和立法都需要慎而又慎；另一方面，也是更重要的原因，目前，在房地产税功能和定位等理论层面的问题，尚未达成一致意见。而只有在理论层面形成共识后，才能有更为明确的税制设计与安排，以及相关配套措施。从相关讨论的观点中可以看到，我国的房地产税改革被赋予了多方面的目标，其中，很多目标是超越了房地产税应有的基本职能。例如，给房地产税赋予调节房价的功能，或期待房地产税能够完全解决地方政府对土地出让金的依赖问题等。这也增加了我国房地产税改革的难度。2021年10月，党的第十三届全国人民代表大会常务委员会决定，授权国务院在部分地区开展房地产税改革试点工作。这无疑将对房地产税立法与改革起到积极的推动作用。

在房地产税改革的相关讨论中，国际经验能够发挥重要参考意义。作为一个在全球范围内拥有长期、广泛实践经验和丰富理论研究成果的税种，全面、系统和深入地了解房地产税国际经验，可以为中国的房地产税改革和税制设计提供很多有益的经验和教训。这对于推动房地产税改革，促进各方共识的达成具有重要的意义。

北京大学－林肯研究院城市发展与土地政策研究中心自2007年成立以来，一直推动并参与中国房地产税改革相关政策研究。依托于林肯土地政策研究院对于全球房地产税的已有研究基础，北大－林肯中心房地产税研究团队在将房地产税国际经验全面、系统地引入中国的同时，也结合中国实际，以国际经验为依据提出政策建议。

本书是在北大－林肯中心房地产税研究团队多年国际经验研究成果基础上的一个汇编，包括研究报告工作论文、期刊文章，以及历次培训和国际考察中收集的资料等。所有报告与资料均为可公开资料。本书也结合中国房地产税相关讨论的热点问题，有针对性地整理了相关国际经验。可以说本书是对房地产税相关理论、税制、评估与征管等方面国际经验的一个较为完整、系统的梳理和介绍。

在此，要感谢所有参与北大－林肯中心房地产税研究活动的专家和学者为我们提供的宝贵素材。特别要感谢北大－林肯中心前任主任满燕云教授。正是在她的带领下，北大－林肯中心房地产税研究团队开始了对房地产税国际经验的系统研究和借鉴，积累了丰富的国际经验和资料，形成了一系列高质量的政策研究成果。本书的房地产税理论和税制相关的部分很多来自满老师主持撰写的研究报告和文章。此外，还要感谢来自易智瑞（加拿大）公司（Esri Canada）的迈克尔·罗麦克斯（Michael Lomax）先生和阮国衡（Elton Yuen）先生，中国香港特别行政区差饷物业估价署的专家团队，还有国际估价官协会（IAAO）的专家团队。他们为我们系统而全面地介绍了各自国家或地区的房地产税评估和征管的经验。本书有关房地产税批量评估和征管部分的内容，很多引用自上述专家和机构提供的研究报告、技术标准和培训资料。也要感谢所有参与过北大－林肯中心举办的历次房地产税相关研讨会和圆桌论坛的国际专家，他们为我们提供了很多关于房地产税征管的宝贵素材。最后，感谢所有参与过本书编写的老师和同学，包括北大－林肯中心刘志主任，赵敏和刘婧一，以及中央财经大学的陶然同学。

本书所涉及的国际经验相关信息和数据基本来源于第一手资料，且均为可公开的资料。但是由于时间和能力的限制，书中尚有疏漏和不足之处，敬请读者谅解。

刘 威 何 扬

2021 年 11 月

目　　录

第一部分

房地产税国际经验概况

1. 什么是房地产税?

房地产税是一个税种的名称,指对土地及其上建筑物、构筑物等,根据其市场评估价值的一定比例,按年向其所有者或使用者征收的税收。我国正在推进的房地产税改革和立法指的正是这个税种。在经济合作与发展组织(以下简称"经合组织",OECD)税收分类体系中,房地产税对应编号为 4100 的"经常性不动产税"(recurrent tax on immovable property)。根据统计,约有 187 个国家和地区对房地产保有征税①。这些国家和地区中,大多数采用按价值计税的方法。约 1/3 的国家和地区在保有环节完全采用或部分采用按数量计税的方法,主要是发展中国家和不发达国家。

房地产相关税收是一类税收的统称,包括与房地产相关的所有税收。我国现行税制中,房地产相关税收包括与房地产直接相关的 5 个税种及其他与房地产相关的 5 个税种,合计共 10 个税种。其中,与房地产直接相关的 5 个税种包括:房产税、城镇土地使用税、土地增值税、契税、耕地占用税。其他与房地产相关的 5 个税种包括:增值税("营改增"之前为营业税)、城市维护建设税、印花税、个人所得税、企业所得税。

---

① Richard Almy. A Global Compendium and Meta - Analysis of Property Tax Systems [Z]. Lincoln Institute of Land Policy, Working Paper:WP14RA1,June 2014.

经合组织（OECD）对经常性不动产税的定义

《经合组织（OECD）税收分类指南》中按照课税对象将税收分为六个大类：1000 − 所得、利润和资本利得课税（taxes on income, profits and capital gains）；2000 − 社会保障缴费（social security contribution, SSC）；3000 − 工资课税（taxes on payroll and workforce）；4000 − 财产课税（taxes on property）；5000 − 产品和服务课税（taxes on goods and services）；6000 − 其他课税。

其中，4000 − 财产课税的定义为：对使用、拥有或转让财产征收的经常性和非经常性税收，包括对不动产或净财富的税收，对因继承或赠与导致所有权转让的税收，以及对金融和资产交易的税收。4000 − 财产课税可细分为：4100 − 经常性不动产税（recurrent tax on immovable property），4200 − 经常性净财富税（recurrent taxes on net wealth），4300 − 遗产、继承与赠与税（estate, inheritance and gift taxes），4400 − 金融和资产转让税（taxes on financial and capital transaction），4500 − 其他非经常性财产税，4600 − 其他经常性财产税。

其中，4100 − 经常性不动产税包括以下四个特征。

- 课税对象：对土地和建筑物征收的税收。

- 税基：对财产评估价值按一定比例征收的税收。评估价值可以基于租金收入、交易价格或经资本化后收益来确定，或根据房地产其他特征（如面积或位置）推断的租金或资本价值来确定。

- 纳税人：可以对不动产的所有者、承租者或同时对二者征收。可以由一级政府支付给财产所在税收辖区的另一级政府。

- 纳税期限：所谓经常性税收指的是按照固定的时间间隔（通常为年）征收的税收。

财产评估价值的确定不考虑债务，由此与净财富税相区别。

（资料来源：OECD（2020），"The OECD Classification of Taxes and Interpretative Guide"，in Revenue Statistics in Asian and Pacific Economics 2020，OECD Publishing，Paris，https：//doi. org/10. 1787/dcee7545 - en. ）

2. 房地产税有哪些名称？

房地产保有环节的税收在各个国家和地区都有不同的名称。这些名称一方面与房地产保有环节税收的课税范围相对应；另一方面也受到各国历史和文化传统的影响。

（1）财产税（property tax）、不动产税（immovable property tax）和房地产税（real estate tax）

财产税、不动产税和房地产税三个名称都是用课税对象范围来命名的。通过这些不同的名称，可以大体判断该国或地区房地产保有环节税收的课税对象范围。对于使用财产税这一名称的国家或地区，通常课税范围比较广。除不动产外，课税对象还包括部分动产，例如，移动房屋、游艇、飞机等。而使用不动产税或房地产税这类名称的国家或地区，其房地产保有环节税收的课税范围通常小于使用财产税这一名称的国家或地区。不动产税和房地产税两个名称在课税范围界定上差异不大，主要是针对土地及土地上的建筑物、构筑物等定着物进行课税。

从全球实践来看，财产税这一名称使用最为广泛。需要注意的是，尽管称为财产税，但在实际中，财产税的课税对象仍是以不动产为主。

动产虽包括在房地产税课税范围内，但比重较小。另外，同样作为使用财产税这一称谓的国家或地区，其课税范围也可能存在细微差异。

此外，与房地产税和房地产相关税收的区分类似，财产税也要与对财产相关课税（taxes on property）相区分。本书中，财产税指的是一个税种的名称，而财产相关课税则是一类税收的统称，或称为广义财产税，包括对财产的保有、交易、所得等环节的课税。

（2）土地税（land tax）和房屋税（housing tax）

一些国家和地区对土地和房屋分别课税，因此，使用土地税和房屋税作为名称。例如，澳大利亚在州层面征收土地税，仅对土地部分的价值征税。

（3）差饷（rates）和议会税（council tax）

在英国及受英国影响比较大的国家和地区，如澳大利亚、南非、中国香港特别行政区等，房地产保有环节税收的英文名称是 rates。在中国香港特别行政区，rates 被翻译为"差饷"，意思是"支付给政府差役的饷项"。本书在介绍中国香港地区房地产税时，使用差饷这一名称，对于其他使用 rates 这一名称的国家，为了方便理解，本书仍使用房地产税一词。

议会税（council tax）是英国对住宅征收的房地产税的名称，国内也有翻译为"家庭税"或"市政税"。本书认为，议会税这一翻译更为贴近英文的直译，也能够更好地反映该税种作为地方税收之一，地方议会对该税收有较大的自主权。在涉及英国案例时，本书会使用议会税这一名称。需要注意的是，英国对住宅和商业房地产征收不同的税收。其中，对商业房地产的保有征收的税收称为商业房地产税（business rates）。

物业税和房地产税是同一种税吗?

2003 年,党的十六届三中全会提出房地产税制改革时,使用了"物业税"这一名称。在此后相当长的一段时间内,"物业税"一词频繁出现于相关研究和政策讨论中。"物业税"一词借鉴自中国香港地区,是对房屋租金收入(按标准免税额扣除成本性支出后)征收的税收,与利得税(企业所得税)、薪俸税及个人入息课税(个人所得税)一起,构成中国香港地区的所得税体系。可见,香港地区的物业税并不是针对房地产保有征收的税收,而是一种所得税。香港地区对房屋保有征收的税收称为"差饷",对应内地的房地产税。因此,我国在房地产税改革初期采用"物业税"这一名称并不合适。随着我国"十二五规划纲要(2011-2015)"中开始使用房地产税这一名称,"物业税"这一名称逐渐被房地产税所替代。

3. 房地产税收入在各国或地区财政和税收中的重要性如何?

从全球范围而言,房地产相关税收占国内生产总值(GDP)的比重与经济发展的程度密切相关。人均 GDP 水平越高,房地产税占 GDP 的比重越高(见图 1-1)。2018 年,在全部可获得数据的国家和地区中[①],房地产税占 GDP 的比重平均约为 0.5%。其中,高收入组国家和地区的

---

① 高收入组国家和地区样本 42 个,中高收入组国家和地区样本 26 个,中低收入组国家和地区样本 24 个,低收入组国家和地区样本 9 个。

房地产税占 GDP 的比重中位数为 0.8%，平均数约为 1.0%；中高收入组国家和地区房地产税占 GDP 的中位数为 0.2%，平均值约为 0.3%；中下收入组国家和地区房地产税占 GDP 的中位数为 0.06%，平均值约为 0.1%；低收入组国家和地区房地产税占 GDP 的中位数为 0.02%，平均值约为 0.03%。

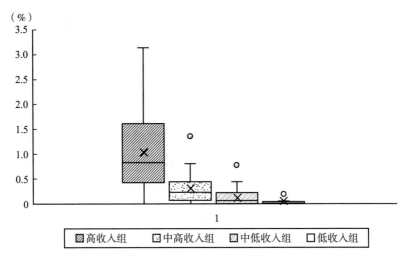

图 1-1　2018 年不同收入组国家或地区房地产税收入占 GDP 的比重

资料来源：房地产税占 GDP 比重数据来自经合组织（OECD）数据库 ［DB］. https：//
stats. oecd. org/. 收入分组数据来自世界银行数据库 ［DB］. https：//datatopics. worldbank. org/
world - development - indicators/.

发达国家拥有较高的房地产税占比，其原因可能包括以下四个方面。第一，发达国家城市化水平较高，城市基础设施也更加完善，房地产市场更加成熟，且市场价值较高。第二，发达国家的产权体系更加完善，房地产信息更加完备和透明，有利于房地产价值和纳税责任的认定。第三，发达国家政府治理能力较强，能够更加准确地进行税基评估和更有效的征管。第四，发达国家的财政分权程度更高。根据学者的实证研究①，财政分权会增加地方政府对保有环节房地产税收入的依赖，直接带来了更高的房地产税占比。

从房地产税占税收收入的比重来看，以经合组织国家为例，保有环节房地产税占税收收入的比重大体维持在2.5%~4%的区间内（见图1-2）。这也说明了房地产税收入具有较强的稳定性。2009年金融危机之后，由于经济不景气，所得税和消费相关税收占比有较大幅度下降，而房地产税在税收收入所占的比重有所提高。这也说明了房地产税能够在一定程度上促进税收收入整体的稳定性。

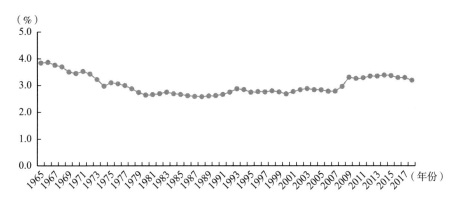

图1-2 OECD国家保有环节房地产税占税收收入的比重（OECD国家平均水平）

资料来源：经合组织（OECD）数据库［DB］. https：//stats. oecd. org/.

房地产税在各国主要是地方政府税收，以经合组织国家为例，2018年地方政府征收的保有环节房地产税占地方政府税收的比重如图1-3所示。从平均水平看，经合组织国家房地产税占地方政府税收比重为40.6%。从国别来看，房地产税占地方政府税收比重的差异还是比较大

①　Bahl R，Martinez - Vazquez J. The Determinants of Revenue Performance ［A］//Making the Property Tax Work. Edited by Roy Bahl and，Jorge Martinez - Vazquez and Joan Youngman，Cambridge，MA：Lincoln Institute of Land Policy，2008：35 -57.

的。占比最高的为澳大利亚，为100%，即地方政府的全部税收均来自房地产税。占比最低的为瑞典，房地产税仅占地方政府税收的2.4%。房地产税占地方政府税收比重与各国房地产税总规模相关，也与各国政府间的职责和收入划分的财政体制背景密切相关。

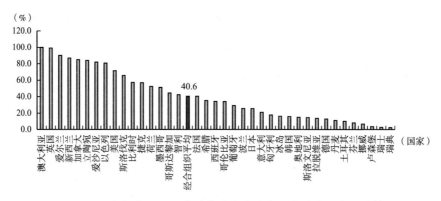

图1-3 2018年经合组织国家地方政府房地产税占地方政府税收的比重

资料来源：经合组织（OECD）数据库［DB］. https：//stats. oecd. org/.

4. 房地产税有什么功能？

（1）为市（县、镇）一级地方政府提供稳定、可持续的自主性税收收入

无论是从理论还是从国际经验来看，房地产税最重要的作用是为市、（县、镇）一级地方政府提供公共财政收入。房地产税作为地方税收的合理性可以从两个方面来阐述：第一，市（县、镇）一级地方政府承担的公共服务大多为与居民基本生活最密切的公共服务，如道路维护、社区卫生、社区治安、社区公园等，美国的财产税还用于中小学教

育。这些公共服务对于稳定性的要求很高，需要稳定的税收收入来提供资金。而房地产税收入的稳定性较高，非常适宜为市县一级公共服务提供资金。第二，开征房地产税的国家或地区，市（县、镇）一级地方政府往往拥有一定的税收权力，特别是调整税率的权力。同时，地方政府由于更加贴近居民，从而能够更有效地获取基本民生性公共服务的需求。因此，通过房地产税，地方政府可以将税收收入与当地公共服务有效地对应起来，提高公共财政支出的效率。

（2）提高直接税占比，发挥对家庭财产（资产）的再分配作用

作为市县一级地方政府税收，房地产税是地方公共服务成本在居民之间的一种分摊机制，分摊的方法是按照房地产的市场评估价值。住房是家庭财产的重要组成部分，通常来讲，家庭收入越高，住房财产的占比越高。因此，按照房地产市场评估价值征收的房地产税，具有一定的累进性，即收入越高的家庭，支付的房地产税在其收入或财产中的占比越高，换句话说，高收入家庭承担更多的地方公共服务成本。此外，根据研究（见本书第一部分问题8），房地产税还是一种对资本的课税，房地产税的征收会降低包括房地产在内的全部资本的平均收益率。而收入越高的家庭，其资本拥有量越高，因此，从这个角度看，房地产税也具有累进性。

综上所述，房地产税具有一定的累进性，可以发挥再分配作用，实现地方公共服务成本更加公平地分摊。实践中，一些国家或地区的房地产税在税制设计上采用了更为累进的做法，例如，累进税率、对低收入家庭实施房地产税减免等，增强了房地产税的累进性。

（3）促进住房市场稳定，提高土地资源利用效率

房地产税是促进房地产市场健康、平稳、可持续发展的基础性制度。第一个理由是，房地产税作为保有环节的税收，会增加持有住房的成本，有助于促进住房的理性消费和投资。第二个理由是，房地产税用于当地公共服务的提供，有利于公共服务水平的可持续提升，这也将促进当地住房价值的稳定。不仅如此，房地产的本质是对土地和空间的占用。因此，房地产税不仅能够促进住房的高效利用，也能够提高土地和空间的利用效率。

房地产税对房价的影响可以从资本化角度进行分析。资本化是指未来税收或公共支出的变化会带来的资产现值的变化[①]。在一个完全竞争的市场环境下，一方面，征收房地产税会增加未来持有住房的成本，通过资本化效应，可以降低住房价值；另一方面，如果房地产税收入用于当地公共支出及提升社区公共服务水平，那么通过资本化效应，则可以提高住房价值。而房地产税对于住房价值（价格）的影响取决于这两个方面的净效应。

📖【案例1-1】

韩国和日本利用保有环节房地产税来调控住房价格的失败教训

通过调整保有环节房地产税税负来调节住房价格的做法，在世界范围并不多见。从国际经验看，大多数国家都是通过调节房地产交易环节税负的方法来对房价实施调节。使用保有环节房地产税来调节住房价格的做法，比较典型的案例是韩国和日本。

[①] Zodrow G. Who pays the property tax? [J]. Land Lines, 2006, 18 (2): 14-19.

▶▶韩国的房地产持有税

房地产投机一直是韩国政府面临的难题。作为应对，韩国政府尝试了各种形式的税收制度改革试图控制土地投机和抑制房价过快上涨，但收效不佳。

韩国从20世纪60年代开始经历了几轮房价暴涨，政府不断调整房地产相关税收制度来打击房地产投机，控制房价过快上涨，避免房地产资产过于集中在少数人手中。为了应对20世纪60年代的房价快速上涨，韩国在1962年开始在地方政府层面征收房地产税。房地产税对土地和地上建筑物实行单独课税，但是对于住宅房地产，则按照"房地一体"的方式征税。随后，韩国对于住宅房地产引入了按价值累进的税率，形成了现行地方房地产税的雏形。

20世纪80年代，韩国房价又经历了一轮快速上涨（见图1-4）。在地方政府层面，韩国政府在1990年对地方房地产税进行了改革。由于韩国的房地产税对除住宅以外的土地和建筑物单独课税，因此，在这

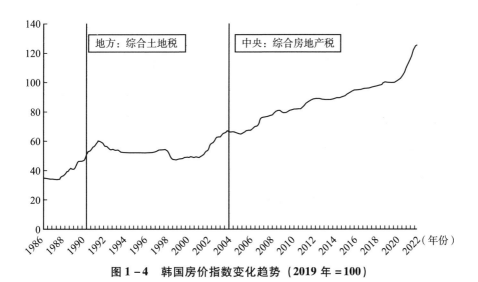

图1-4　韩国房价指数变化趋势（2019年=100）

资料来源：环球经济数据库，CEIC数据库［DB］. https：//www.ceicdata.com/.

一轮改革中将纳税人拥有的土地按照类型进行汇总，对汇总价值设置累进税率，旨在提高拥有大量土地的纳税人的税负。改革后的土地部分房地产税也称为"综合土地税"（aggregated land value tax 或 comprehensive landholding tax）。由于税基的评估价值低于市场价值，因此"综合土地税"的实际税率仅为 0.6‰ ~ 1‰[①]，直接影响了"综合土地税"对房地产市场的调节作用。

韩国房地产市场在 2000 年前后再次经历快速上涨。在 2004 年，作为地方层面"综合土地税"的扩展，韩国在中央层面征收"综合房地产持有税"（comprehensive real estate holding tax）。"综合房地产持有税"以家庭为单位，将家庭全国范围内名下全部应税住宅和土地按价值进行汇总并按照累进税率进行课税，目的在于调节财富分配，抑制投资和投机需求。从实际征管的情况看，按家庭汇总的方式在征管上存在较高的难度，因此"综合房地产持有税"的实际税负远低于制度设计的初衷。从房价变化趋势看，韩国于 2004 年推出的"综合房地产税"并没有对房价产生明显的抑制作用。

韩国的案例说明，影响住房价格的因素是复杂的，住房市场自身市场供求、土地市场、金融市场，以及市场中人们的预期都会对住房价格产生影响。相比之下，保有环节房地产税对于住房价格的调节作用是有限的。而较低的税负会进一步削弱房地产税对市场的调节效果。

▶▶ 日本的特别土地持有税和地价税

日本的地价在二战后经历了地价泡沫产生和破灭。二战后至 20 世纪 90 年代的大约 40 年间，日本的土地价格持续上升。直至 1991 年的最高点。根据学者的研究，日本地价快速上升的主要原因是土地管理不

---

① Ro Y. Land value taxation in South Korea［R］. Lincoln Institute of Land Policy Working Paper：WP01YR1，2001.

严格，金融市场资金成本低。此外，土地交易和保有的税负偏轻，助长了地价的上涨①。

日本现行税制是二战后建立的，其中包括房地产保有环节的固定资产税。固定资产税定位为受益税，即纳税与享受的地方公共服务相对应。固定资产税按专门的评估价值计税，税基整体低于市场价值②。为了应对地价上涨，1973年，日本征收特别土地持有税，增加保有环节税负。这一税制的变化与金融管制政策一起，带来了1975年地价的短期下降，但很快又恢复上涨趋势（见图1-5）。20世纪80年代后期，日本采取了紧缩的货币政策，同时增加了土地供应。1990年，日本对土地相关税收进行了改革，增加短期投资房地产的交易环节税收负担，同时在中央政府层面开征地价税，进一步增加持有土地的成本。金融、土地

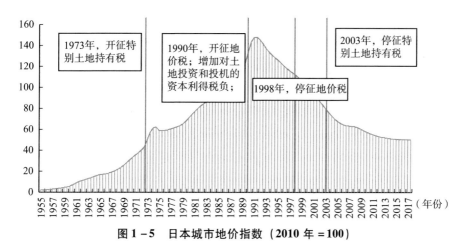

图1-5 日本城市地价指数（2010年=100）

资料来源：环球经济数据库，CEIC数据库［DB］. http：//www. ceicdata. com.

---

① Ishi Hiromitsu. Land Tax Reform in Japan ［J］. Hitotsubashi Journal of Economics，1991，32
（1）：1-20.
② 1994年之前，固定资产税计税依据仅为房地产市场价值的约20%～30%，1994年上调至市场价值的70%。

和税三个领域改革的综合结果是，日本地价泡沫破灭，地价持续、快速下降。随之而来的是日本经济也进入萧条时期。此后，日本于1998年停征地价税，2003年停征特别土地持有税，但并未对土地市场价格产生影响。

从日本地价变化与保有环节税负的关系来看，保有环节税负对于地价的确有所影响，但相比于金融、土地等领域的影响，保有环节税收对地价的影响相对有限。尽管保有环节房地产税对于房地产价格影响有限，但不可否认的是，保有环节房地产税对于城市政府而言，是非常稳定的税收。图1-6是日本历年固定资产税收入情况。可以看到，尽管经历了地价的巨大波动，固定资产税收入仍十分稳定。这为地方政府公共服务的可持续提供了资金保证。

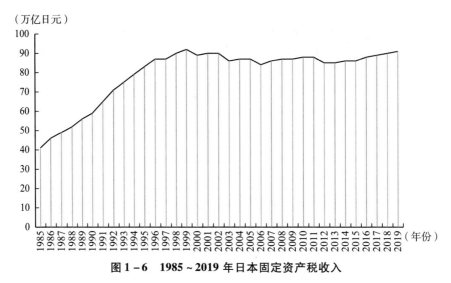

（万亿日元）

图1-6 1985～2019年日本固定资产税收入

资料来源：DeWit A. Property and Land Taxation in Japan［M］. Property Tax in Asia：Policy and Practice. Columbia University Press，2022.

5. 什么是土地增值回收？房地产税如何实现土地增值回收？

土地增值回收（land value capture）作为一种政策手段，用于帮助公共部门重新获得因公共投资和其他政府行为产生的土地价值增值（见图1−7）的部分，并将其用于公共部门再投资。土地增值回收概念基于一个简单的理念，即公共投资和政府行为导致土地增值的部分应该归社会所有。

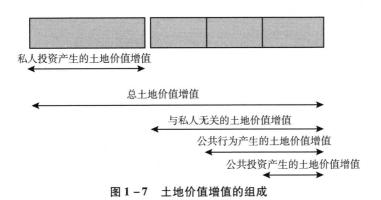

图1−7 土地价值增值的组成

资料来源：Smolka M. Implementing Value Capture in Latin America：Policies and Tools for Urban Development［R］. Policy Focus Report，Lincoln Institute of Land Policy，2012：8.

有学者将土地增值的主要途径概括为两大类①：一是土地所有者投资导致土地增值；二是与土地所有者无关的因素带来的土地增值。其中，与土地所有者无关的因素又包括三个方面：①公共基础设施和社会服务投资；②土地用途管制的变更；③人口增长和经济发展。

———————————

① Gregory K Ingram，Yu − Hung Hong，Land Value Capture：Types and Outcomes，Value Capture and Land Policies，edited by Gregory K. Ingram and Yu − Hung Hong，2010.

关于土地增值的原因和归属问题，古典经济学地租理论已有所提及。约翰·穆勒（1848）在其著作中对土地增值的归属提出了更为明确的观点。他认为，土地价值增值是全社会带来的，并不是地主的功劳。土地价值的增加应当属于整个社会，而不是属于掌握土地所有权的地主[①]。因此，土地增值回收理论认为，除私人投资带来的土地增值外，其他方式尤其是公共投资和土地规划用途改变带来的土地价值增值部分应归公共所有（见图1-8）。

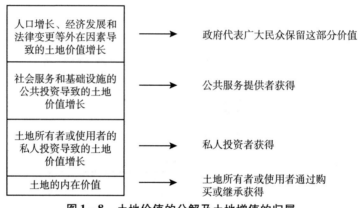

图1-8 土地价值的分解及土地增值的归属

国际实践上，很多国家都在其法律和制度框架下设计了土地增值回收的政策工具。其中，房地产税和以房地产税为基础的土地增值回收工具使用最为广泛。房地产税作为土地增值回收工具的原理可以简单阐述为：当地公共服务会提升房地产价值，而住房价值中真正增值的是土地而非建筑物本身。因此，对房地产价值征税可以实现土地增值的回收，使土地增值回归社会，用于当地公共服务。

基于房地产税制度，一些国家还发展出改良费（betterment levy）或

---

① 约翰·穆勒. 政治经济学原理（下册）[M]. 金镝，金熠，译北京：华夏出版社，1848.

称为特殊评估（special assessment），以及税收增额融资（tax incremental finance，TIF）两个政策工具。相比用途更为广泛的房地产税，上述这两种政策工具主要是针对特定公共服务或基础设施项目对土地价值（房地产价值）进行课税或收费①。需要指出的是，国际上，房地产税收入主要用于日常一般性基本公共服务的提供，而不是一次性的基础设施投资。税收增额融资（TIF）是在城市借债体系下，利用房地产税为某些基础设施建设融资。

（资料来源：刘威，刘申敏. 土地增值回收的国际经验［R］. 北大 – 林肯中心内部报告，2019.）

📖【专栏 1 – 3】

亨利·乔治,《进步与贫困》与土地增值归公

亨利·乔治是 19 世纪末期美国的政治经济学者。其生活的年代正是美国工业化快速发展，城市化快速推进的时期。在财富迅速膨胀的同时，亨利·乔治关注到财富分配的巨大差距和社会的不公平。因此，其著作《进步与贫困》一书在开篇提出了一个核心的问题："尽管生产能力增加，为什么工资趋向仅能维持生活的最低限度?②"

与同时代的政治经济学者不同，亨利·乔治从土地的角度对这个问题进行了解释。他在《进步与贫困》一书中关注到城市化和工业化会使城市土地价值快速增加这一现象。他认为，城市的出现可以使土地潜在功能得以进一步发挥。人口的聚集带来产业的分工和合作，促进了经济发展。同时，人口的聚集也带来文化产业、娱乐产业，以及各种城市公

---

① 这些收费在实质上是一种税收。
② 亨利·乔治. 进步与贫困［M］. 吴良健，王翼龙，译，北京：商务印书馆，2017.

共服务的产生，这些都极大提升了城市土地的价值。由于土地被少数人拥有，因此土地拥有者可以通过不断提高的地租来获得城市化和经济发展带来的财富增加。不仅如此，经济越是发展，人口越是向城市集中，地租的增加越快，财富分配差距越大。

亨利·乔治还认为，土地规划变化、人口增长和经济发展带来的土地价值增值的部分应该属于城市全体居民共同所有，即城市财富是由城市集体创造的，应该属于全体居民共有，而非个人私有，解决方法就是征收地价税。

亨利·乔治的土地税收思想在很多国家产生了深远的影响。澳大利亚和新西兰就是深受他的影响而实行了土地税。孙中山先生受到亨利·乔治思想的影响①，在"三民主义"思想中提出："当改良社会经济组织，核定天下地价。其现有之地价仍归原主所有，其革命后社会改良进步之增价，则归于国家，为国民所共享。②"孙中山先生认为，这一方案的实施可以防止垄断，也能使"公家愈富"，从而促进"社会发达"。这一重要思想正是需要通过对土地的增值征税，将税收用于公共产品和公共服务的提供来实现。

📖【专栏1-4】

基于房地产税的土地增值回收政策工具：
改良费（特殊评估）与土地增额融资

改良费（betterment levy）是指为政府提供的土地改良活动支付的费

---

① 夏良才. 亨利·乔治的单税论在中国［J］. 近代史研究，1980（1）：248-262.
② 中国社科院近代史所. 孙中山全集（第2卷）［M］. 北京：中华书局，1982.

用。在美国，改良费也称为特别评估（special assessment），多用于为排污、排水管道，以及道路的修建筹集资金。改良费是公共设施建设成本分担的机制。例如，对某一区域实施改良措施——修建新的公共设施或者提供更多的公共服务——会给受益区域带来更大便利，使土地价值增加。因此，地方政府使用专业的模型对受益地区房地产价值进行评估和测算，按照受益的大小分摊改良措施的成本。

税收增额融资（tax incremental finance，TIF），是将特定区域、一定时间内的房地产税收入增加额形成一个专项基金，直接支出或者通过发债的方式筹集资金，用以支持本区域经济发展政策，主要是基础设施建设或城市更新项目。税收增额融资的原理如图1-9所示，地方政府将税收增额融资区域内的项目启动时点的房地产税税基评估价值"冻结"。这部分冻结的税基所征收的房地产税用于本区域常规公共支出。税收增额融资项目存续期内，项目所支持的基础设施建设或城市更新等会带来

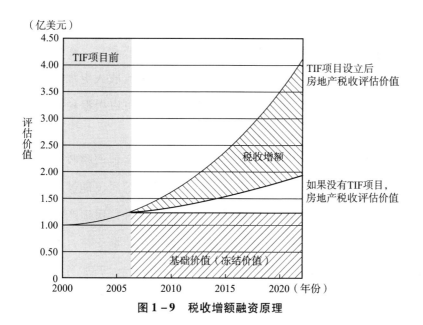

图1-9 税收增额融资原理

当地房地产税税收的增加，这部分"税收增额"用于支付基础设施或城市更新成本或偿付相应债券。而基础设施建设或城市更新项目是否能带来房地产税的增加，或者增加的房地产税是否能够支付基础设施建设或城市更新项目的成本，这是税收增额项目成败的关键。

（资料来源：刘威，刘申敏. 土地增值回收的国际经验［R］. 北大－林肯中心内部报告，2019.）

6. 和其他税种相比，房地产税有什么特点？

房地产税收入的稳定性更高。房地产税的稳定性主要体现在以下三个方面。第一，课税对象相对稳定。房地产税的课税对象为不动产，具有不能移动且难以隐藏的特点。对于地方政府而言，房地产税的课税对象是相对稳定性，不易流动。第二，房地产税税基具有稳定性。房地产税以市场评估价值为计税依据，相对于其他商品价格，房地产价格波动较小。而且，房地产税税基更新周期通常为一年或几年，在税基更新周期内，税基是相对稳定的。第三，房地产税的税收收入更加稳定。由于地方政府拥有房地产税税率制定的权力，因此，可以根据税基规模的变化相应调整税率，从而实现税收收入的稳定性。

房地产税的税收收入与支出的对应性更强。房地产税收的支出主要用于为本地区提供社区卫生、道路、路灯、绿化等居民能够直接享受到的公共服务。相比所得税、增值税、消费税等税种，房地产税的税收收入与地方公共服务之间具有较强的对应性，体现"谁受益，谁纳税"的受益税特征。通过房地产税，有利于形成"税收—公共服务—房地产价值增加—税收增加—公共服务增加……"的良性循环机制。

房地产税能够与纳税人的支付能力较好匹配。房地产税按照房地产的市场评估价值的一定比例征收，家庭拥有的住房价值越高，其纳税能力越高，缴纳的税收也越多。需要注意的是，纳税人的支付能力不仅指的是现金收入，也包括存量的资产，例如，所拥有的房地产。

房地产税评估和征管成本较高，但随着技术进步，征管成本已大幅降低。房地产税的征收成本主要体现在计税依据评估和确定上。地方政府需要定期对辖区内全部应税房地产的市场价值进行评估，确定其计税价值。随着批量评估技术的发展，以及批量评估与地理信息技术的整合，在提升评估和征管效率的同时，房地产税评估和征管成本大幅降低。

房地产税政治接受度较低。房地产税作为直接税，税收来自纳税人的可支配现金收入，因此，纳税人对房地产税税负的敏感性更高。从房地产税制度比较成功的国际经验看，公平合理的税制设计，广泛的公众参与，以及公开透明的制度和程序能够有效提高房地产税的政治接受度（见表1-1）。

表1-1　　　　　　　　房地产税与其他税种的比较

标准	房地产税	销售税	个人所得税	企业所得税	收费
税基能否移动	否	是	是	是	否
受益税	是	否	不一定	不一定	是
与纳税能力对应	是	否	是	是	不一定
稳定性	是	否	否	否	不一定
资助公共设施	是	是	是	是	是
透明性	是	否	是	否	否
税收执行成本	低	中等	中等	中等	低
政治接受度	低	高	中等	高	高
管理成本	高	低	中等	中等	低

资料来源：满燕云，何杨，刘威．房地产税改革蓝图［R］．北大－林肯中心内部报告，2012.

7. 房地产税和土地出让金重复吗？

房地产税和土地出让金都是地方政府收入，但二者是本质不同的两类政府收入。房地产税作为一种税收，是国家凭借政治权力，按照法律规定对房地产部分收益强制地、无偿地占有。换句话说，房地产税是享受当地公共服务的居民对当地公共服务的支付，体现了政府和纳税人之间的关系。而土地出让金是国有建设用地使用权出让时，获得土地使用权的个人或单位向实施出让的地方政府缴纳的，其本质是一次性支付的地租，或称为使用期内地租的资本化。土地出让金是土地所有权在经济上的实现形式，体现了土地所有者和土地使用者之间的社会生产关系。由此可见，房地产税和土地出让金在本质上是完全不同的两类政府收入。

从土地增值回收的角度，房地产税和土地出让金的作用是不重复的。土地出让金是在出让环节一次性缴纳的，收入主要用于出让地块的基建配套，少量用于出让地块之外的公共服务和基础设施建设。因此，土地出让金主要回收了土地前期开发投资产生的土地增值。而在土地使用权存续期内，地方政府持续不断地为整个辖区提供各类公共服务，由此带来的土地增值则由每年征收的房地产税来进行回收。从这个角度来看，房地产税和土地出让金也是不重复的。

房地产税与土地出让金之间不但不冲突，而且房地产税应当与土地出让金等相关制度协调配合，从而实现更为有效的土地税、费、金体系（见表1－2）。对于地方政府而言，一次性的土地出让收入获取方便，但是可能导致行为的短视；土地和房屋的收费针对性强，但不具有税收的无偿性特征，只适用于可以私人化的服务提供；房地产税对于基层地方政府可持续性的公共服务和公共产品的提供具有重要意义，有助于引导和改善地方政府行为，使其更加关注公共服务和公共产品的质量。因此，在土地公有制下，一个建构合理的土地税、费、金体系对于地方政府十分重要，有助于实现土地增值回收，促进地方政府财政和经济发展的可持续。同时，也能够在一定程度上兼顾土地高效利用、防止土地投机、促进经济发展等目标。

表 1 - 2 房地产税与土地出让金的区别

项目	土地出让金	房地产税
本质	地租	税收
生产关系	土地所有者与使用者	政府与纳税人
产生和存在的前提	土地所有权与使用权的分离；土地所有权垄断	国家的存在；国家政治权力
收入归属	地方政府	地方政府
用途	出让地块前期开发；出让地块之外的其他公共服务和基础设施建设	地方公共服务
金额确定方式	市场方式：招标、拍卖、挂牌 非市场方式：协议	房地产市场评估价值乘以税率
征收/缴纳周期	一次性	每年

资料来源：笔者根据相关资料整理而得。

8. 什么是房地产税的传统观点、新观点和使用费观点？

在房地产税"税负由谁负担"（税收归宿）的问题上，学术界从不同的层面和角度形成了三种观点。

第一种是传统观点，也称为货物税观点。传统观点从土地和建筑物各自的供给和需求入手，分析房地产税的税负归宿。土地部分，假设土地的数量是固定的，则土地的供给曲线是垂直的。当征收房地产税时，土地的需求曲线向下移动。此时，房地产税的税负等于土地价格的降幅，完全由土地所有者承担（见图1-10）。建筑物部分，假设建筑物的供给是完全弹性的，即能够充分调整供给数量，从而使价格不变。因此，建筑物的供给曲线是一条平行的直线。当征收房地产税时，建筑物需求曲线下移，房地产税税负完全由建筑物使用者负担（见图1-11）。通过以上两种理论对极端情况的分析可以看到，传统观点下，房地产税的税负归宿取决于供给和需求的弹性（价格变化带来的供给或需求数量变化的幅度，幅度越大，弹性越大）。弹性相对较小的一方负担更多的房地产税税负。至于传统观点下房地产税是否具有累进性，即收入越高的家庭其税负越高，主要取决于土地收入和建筑物出租收入，以及住房支出在家庭收入中的占比。通常来讲，土地部分的房地产税是具有累进性的，而建筑物部分的房地产税则要分析具体情况才能判断。

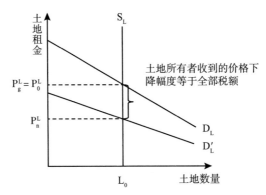

图 1-10 土地部分房地产税税收归宿

资料来源：哈维·S. 罗森，特德·盖亚. 财政学（第八版）[M]. 郭庆旺，赵志耘，译. 北京：中国人民大学出版社，2009.

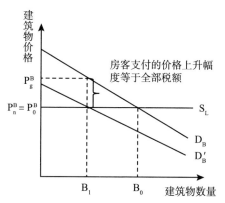

图 1 – 11　建筑物部分房地产税税收归宿

资料来源：哈维·S. 罗森，特德·盖亚．财政学（第八版）［M］．郭庆旺，赵志耘，译．北京：中国人民大学出版社，2009.

　　第二种是新观点，也称为新论，或资本税观点。与传统观点采用局部均衡模型不同，新观点采用一般均衡模型。新观点认为，房地产税是对全国范围内全部资本的课税，由全部资本所有者承担。由于收入越高的家庭，其收入中资本所得占比越高，因此，房地产税具有累进性。

　　第三种是使用费观点，也称为受益税观点。使用费观点基于蒂伯特（Tiebout）在 1956 年提出的"用脚投票"的模型。这个观点假设家庭具有差异化的偏好和充分的流动性，各个社区（地方政府）的公共服务只通过房地产税融资，且不同社区（地方政府）在房地产税税负和公共服务之间存在差异化。这个模型下，家庭通过"用脚投票"的机制，选择福利最大化的居住地点。当达到均衡时，当地的房地产税就等于当地公共服务的成本，房地产税也就类似于一种公共服务的"使用费"。这种情况下，房地产税对消费者的行为将不会产生任何扭曲效果，或称为"税收中性"。

房地产税相关理论的一些经典文献

受益税观点的代表文献：

➤ Fischel W A. Property Taxation and The Tiebout Model：Evidence for The Benefit View from Zoning and Voting［J］. Journal of Economic Literature，1992，30（30）：171-177.

➤ Tiebout C M. A Pure Theory of Local Expenditures［J］. Journal of Political Economy，1956，64（5）：416-424.

➤ Oates W E. The Effects of Property Taxes and Local Public Spending on Property Values：An Empirical Study of Tax Capitalization and The Tiebout Hypothesis［J］. Journal of Political Economy，1969，77（6）：957-971.

➤ Hamilton B W. Zoning and Property Taxation in a System of Local Governments［J］. Urban Studies，1975，12（2）：205-211.

➤ Hamilton B W. The Effects of Property Taxes and Local Public Spending on Property Values：A Theoretical Comment［J］. Journal of Political Economy，1976，84（3）：647-650.

➤ Hamilton B W. Capitalization of Intrajurisdictional Differences in Local Tax prices［J］. The American Economic Review，1976，66（5）：743-753.

➤ Netzer D. Economics of The Property Tax［J］. Journal of Political Economy，1966，8（83）：145-160.

资本税观点的代表文献：

➤ Mieszkowski P M. The Property Tax：An Excise Tax or a Profits Tax？［J］.

Journal Public Economy, 1972, 1（1）：73 - 96.

➤ Zodrow G R, Mieszkowski P M. The New View of the Property Tax：A Reformulation ［M］//Taxation in Theory and Practice：Selected Essays of George R Zodrow. 1986：437 - 459.

➤ Mieszkowski P, Zodrow G R. Taxation and The Tiebout Model：The Differential Effects of Head Taxes, Taxes on Land Rents, and Property Taxes ［J］. Journal of Economic Literature, 1989, 27（3）：1098 - 1146.

9. 公有土地制度下，国有土地使用权能否征收房地产税？

从法理上看，房地产产权是一个权利束，其中，包括了拥有权、使用权、收益权、处置权、开发权、转让权等多种权利。土地的公有制下，对于城市土地，国家代表全体人民对土地行使所有权，通过土地划拨或出让的方式，政府将有限年期的国有建设用地土地使用权让渡给使用者。《中华人民共和国民法典》中规定，国有建设用地使用权是一种"用益物权"，有明确的归属且能够给权利人带来现实收益。换句话说，国有建设用地使用权是相关使用权人的一项财产，完全可以作为房地产税的课税对象。

从国际经验看，无论是土地公有制的国家或地区，或者是存在公有土地租赁制度的国家或地区，都对公有土地及其上的不动产征收保有环节税收。如以色列、新加坡、中国香港特别行政区、荷兰、瑞典、美国等。在这些国家和地区，公有土地和私有土地在征收房地产税时，并没有差别。甚至一些国家或地区，如日本、美国一些州，在其房地产税法中将存续期超过一定年数的土地使用权视为拥有该土地。

公有土地上开征房地产税的国家和地区

从全球范围看，土地公有制度大致可以分为四种类型。第一种是土地公有制国家或地区，全部土地均为公有，例如，中国和中国香港特别行政区、以色列、越南等。第二种是具有地方自我选择性质的土地公有制度，一些国家的州或城市政府拥有一定数量的公有土地，如澳大利亚、荷兰和瑞典等部分城市。第三种是在私有土地占主导基础上的特定土地公有制度，如美国和加拿大的自然保护区用地、军事用地。第四种是从公有制向私有制改革过程中仍然保留的公有土地，如乌克兰、波兰。

分析上述国家和地区选择采用公有土地出租而非出售的原因，除了政治和历史的原因外，之所以选择公有土地出租而不是出售，一方面，是因为开发者的资金限制；另一方面，是政府为保留土地所有权，以决定特定土地的用途，便于更好地实施城市规划。如瑞典市政府将土地使用权租赁给个人和企业有两个目的：一是政府可以通过不断提高地租的方式来实现土地增值带来的收益；二是用地租收益弥补因补贴保障性住房建设带来的住房成本。

▶中国香港特别行政区的土地制度与差饷（房地产税）

中国香港特别行政区的土地为特区政府所有，采用"批租"的方式出让一定年期的土地使用权。土地批租由香港特区地政总署负责，方式是采用公开拍卖或者招标的方式，成交价就是土地出让金。土地使用权获得者与香港特区政府签订"地契"。香港特区土地使用权批租是有年期的。1997 年之前，土地批租的年期有 75 年、99 年和 999 年 3 种。1997 年 7 月 1 日之后，批租的土地使用年期一律为 50 年。

土地使用过程中，除了在土地批租时缴纳土地出让金，土地使用者还需要每年缴纳地租（也称为地税）。香港地区法律中规定，特区政府地契的拥有者有义务缴纳地税（地租）。虽然叫地税，但是从本质上讲，地税就是年地租。香港回归之前，地租是在土地批租时签订的地契中进行规定，在土地使用期内固定不变。事实上，很多土地的地租仅是象征性的，数额很小。1997 年香港回归后，随着大规模土地使用期的更新和续期，地租也有了新的核定方法，即按照年度应课差饷租值（房地产税评估价值）进行征收。地租的征收率由《中英关于香港问题的联合声明》（1984 年 12 月 19 日签署）确定，并在地契中明确记载，为应课差饷租值的 3%。

差饷作为香港地区的房地产税，法律规定物业的拥有者或者占用者都有义务缴纳。与地租相同，差饷的税基也是差饷物业估价署每年对全部物业的评估价值。差饷税率（征收率）不固定，每年由立法会根据特区政府预算确定。2000 年后，差饷税率一直维持在 5% 的水平。差饷的征收方式是以年为单位按季度缴纳。

▸▸以色列的土地制度与房地产税

以色列是一个土地公有制国家，国有土地租赁制度在以色列土地制度中占主导地位。基于历史原因，以色列国有土地占到 93%[①]，包括三个类型：以色列国家所有、犹太人国家基金所有和国家发展当局所有。

以色列有着世界上最为严格的土地增值回收制度，土地自然增值的一部分要归国家所有。方式之一是征收同意费，即当公有土地承租人出售或赠送其土地租赁合同时征收，额度为土地市价与最初购买价值差额的 40%；方式之二是征收额外开发权的允许费，额度在 2002 年 10 月前为合同价款的 50%，后来下降为 31%。

[①] 剩下约 7% 的土地仍存在产权争议，因此没有计算在内。

尽管是土地公有制，但是以色列的土地租赁合同赋予承租人的权利却越来越接近于私有土地。以色列的房地产税也是平等地适用于全部公有土地租赁合同。

▶荷兰的公有土地出租和房地产税

在荷兰，公有土地出租的做法普遍存在于城市政府，特别是一些大城市。在阿姆斯特丹，城市政府拥有80%的城市土地，海牙市政府拥有65%的土地（不含中央政府拥有的12%的土地）。

公有土地出租的方式最初允许土地出租时将租期内的所有年租资本化，并在合同初期付清所有费用，类似于中国的土地出让金。随着荷兰土地价值在20世纪60~70年代的迅速上涨，一些城市开始实行浮动地租，每5年按照通货膨胀率进行调整，为此大部分纳税人更愿意一次性付清合同的所有费用。据统计，阿姆斯特丹有95%的承租人采取一次性付清的方式。

荷兰城市政府对房地产的保有和使用均征收房地产税，也可称其为房地产保有税和房地产使用税。例如，对于自己拥有并使用的房地产，既要缴纳房地产保有税，也要缴纳房地产使用税。其中，对于住宅的使用者，不需要缴纳房地产使用税。房地产税并不区分土地所有权的类型。房地产保有税和房地产使用税的税基都是政府公示的评估价值。税率方面，以2021年阿姆斯特丹市为例，住宅的房地产保有税税率为0.0428%，商业房地产保有税税率为0.1796%，商业房地产使用税税率为0.1293%[①]。

（资料来源：Rachelle Alterman. The Land of Leaseholds：Israel's Extensice Public Land Ownership in An Era of Privatization ［A］//Steven C Bourassa，Yu - Hung

---

① 阿姆斯特丹市政府网站 https：//www. amsterdam. nl/en/municipal - taxes/property - valuation - woz/.

Hong. Leasing Public Land：Policy Debates and International Experiences. Lincoln Institute of Land Policy，2003：115 – 149.

Barrie Needham. One Hundred Years of Public Land Leasing：In the Netherlands ［A］//Steven C Bourassa，Yu – Hung Hong. Leasing Public Land：Policy Debates and International Experiences. Lincoln Institute of Land Policy，2003：61 – 82.）

第二部分

房地产税税制的国际经验

一、纳税人

10. 纳税人有几种确定方法？

纳税人也称为纳税义务人，即承担纳税责任和义务的自然人或法人。在房地产税征收时，纳税人和房屋所有人可以是一致的，也可以不一致，主要取决于各国法律规定。

根据各国的经验，房地产税的纳税人可以是房地产所有者、用益物权人①和实际使用者（占用者或承租人）。由于各国都有不动产登记制度，将不动产登记簿上的房地产所有者作为房地产税纳税人是比较普遍的做法。从房地产税的功能角度，不仅是所有者，用益物权人、实际使用者（占用者）均可以作为房地产税纳税人。从财产的课税角度，所有者和享受财产收益用益物权人应当作为纳税人。而从受益税角度看，房地产的实际使用者（占用者）也可以作为纳税人。

根据纳税人确定的优先顺序，各国做法可以分为三个类型（见图2－1）。

---

① 根据我国《民法典》第三百二十三条，用益物权人对他人所有的不动产或动产，依法享有占有、使用和收益的权利。在我国，用益物权包括：土地承包经营权、建设用地使用权、宅基地使用权、居住权、地役权。

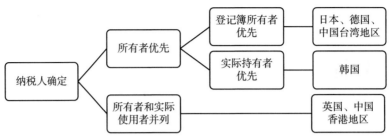

图 2 - 1 房地产税纳税人确定方法分类

(1) 将不动产登记簿上的所有者优先确定为纳税人

将不动产登记簿上的所有者优先确定为纳税人是比较普遍的做法。当登记簿上所有者无法确定或无法履行纳税人义务时，以实际使用者为纳税人。其中，德国以房地产税收评估价值确定日当天的所有者为准[①]；日本则以纳税日当天的所有者为准。除了所有者，德国法律认为用益权人和共同使用权人也承担纳税责任。日本则将土地抵押权人和存续期超过 100 年的地上权所有者视为所有者[②]。

对于纳税人的认定顺序，中国台湾地区房屋税有关规定[③]中有比较详细的说明：房屋税向所有权人征收。当所有权人住址不明，或未居住在房屋所在地，则由管理人或现住人缴纳；如果出租，由承租人负责代缴，抵扣房租。对于没有办理所有权第一次登记且所有人不明的情况，房屋税向使用执照记载的建造者征收；如果没有使用执照，则向建造执照记载的建造者征收；如果没有建造执照，则向现住人或管理人征收。

---

① 德国《房产税法》(Grundsteuergesetz) 第 10 条。
② 日本《地方税法》第 3 章，第 2 节，第 343 条。
③ 中国台湾地区《房屋税条例》第 4 条。

（2） 将不动产实际持有者优先确定为纳税人

从所收集到的资料来看，采用这种纳税人认定方式的国家比较少，典型案例是韩国。韩国《地方税法》中规定，征税日的财产实际持有者优先确定为纳税人。当实际持有者无法确定时（例如，所有权变更后没有申报，无法掌握实际持有人），以登记簿记载的所有者为纳税人。当所有权和持有权均归属不明确，且无法确认实际持有人时，财产使用人有缴纳财产税的义务①。

（3） 将不动产所有者和使用者同时确定为纳税人

一些国家将不动产所有者和使用者（占用者或承租人）同时确定为纳税人。在确认纳税责任的实际分担时，所有者或使用者往往通过协商来确定谁来履行纳税责任及税额如何分担。

例如，英国议会税（council tax）的纳税人包括：永久产权（freehold interest）持有人、使用权（leasehold interest）持有人、承租人（tenant）、占用人（occupier），以及房屋所有者。他们通过协商来确定纳税责任的分担②。

另一个案例是中国香港特别行政区，在其《差饷条例》规定中，物业单位的所有者和占用人均有缴纳差饷的责任。如果没有其他协议，差饷须由占用人缴纳。但如果占用人或所有者之中的一方不按规定履行纳税义务，则政府可以向另一方追讨欠税③。

---

① 韩国《地方税法》第9章，第107条。
② 英国《Local Government Finance Act 1992》Chapter 14，Part I，Section 6 （1）.
③ 中国香港特别行政区《差饷条例》第21条。

11. 公有土地出租如何确定纳税人？

即便在土地私有制国家，政府往往也会拥有一定比例的公有土地。政府将一部分公有土地出租给企业或个人使用也是很多国家和地区的常见做法。从这些国家和地区的实践看，公有土地并不影响房地产税的征收。一种做法是将土地长期租约的持有者视为土地拥有者，如美国、新加坡、日本；另一种做法是将用益物权人作为纳税人，例如德国。

此外，对于同时将不动产所有者和实际占用者作为房地产税纳税人的国家和地区，则避免了这个问题的出现，例如，英国和中国香港特别行政区。

12. 共有产权如何确定纳税人？

共有也就是共同所有，包括按份共有和共同共有。其中，按份共有是共有人对共有的不动产或动产按照其份额享有所有权；共同共有则是共有人对共有不动产或动产共同享有所有权（参见我国《民法典》第二百九十七条至第二百九十九条）。根据国际经验，共有的房地产，其全部共有产权人都承担纳税责任。对于按份共有的，则按照各自份额承担纳税责任。下面列出一些国家和地区房地产税相关法律的规定。

韩国《地方税法》则规定，共有权人按持有份额划分纳税责任，如无份额划分，则按均等份额承担纳税责任。南非《财产税法》规定，共有人共同或各自承担纳税责任。对于共有权不可分割的农地，地方政府有权决定由共有人之一承担全部纳税责任或共有人各自承担能够代表其共有权份额的部分①。中国台湾地区的《房屋税条例》规定，共有房屋的房屋税向共有人征收，共有人可推定一人缴纳房屋税。如不进行推定，则由现住人或使用人代缴。代缴的房屋税，在缴纳人应负担部分以外的税款，缴纳人对于其他共有人有求偿权②。

13. 建筑物区分所有权如何确定纳税人？

建筑物区分所有权主要发生在多层住宅、公寓等建筑类型中。关于建筑物区分所有权，在我国《民法典》第二百七十一条中的规定是：业主对建筑物内的住宅、经营性用房等专有部分享有所有权，对专有部分以外的共有部分享有共有和共同管理的权利。

对于建筑物区分所有权下如何征收房地产税，各国的做法比较一致。每个区分所有权单元的所有者为房地产税纳税人。例如，日本《地方税法》规定，区分所有房屋的专有部分，区分所有者作为纳税人。全体共同所有的共用部分，则按比例分配，由该房屋区分所有者缴纳。对于非全体共用或管理者拥有的共用部分，由相关区分所有者的全体作为纳税人③。

---

① 南非《Local Government: Municipal Property Rates Act 2004》第 24 条。
② 中国台湾地区《房屋税条例》第 4 条。
③ 日本《地方税法》第 3 章，第 2 节，第 352 条。

二、课税对象

14. 房地产税课税对象有哪些？

理论上讲，房地产税的课税对象应当尽可能覆盖各种类型房地产，特别是私人用途和营利性的房地产，从而实现税收的充足性和税收的公平性。此外，房地产税的课税对象也要考虑相关数据的可获得性，以及与整体税制的衔接。

从国际经验来看，各国房地产税的课税对象可以分为不动产和动产两类（见图2-2）。其中，不动产指的是土地及土地上的永久改良物，包括建筑物、构筑物等。少数国家、地区仅对土地或者仅对房屋课税。对动产征收房地产税的国家、地区，大多以有形动产为主，包括机器设备、汽车、船舶、飞机等。无论课税对象范围如何划定，各国法律中通常以列举的方式列出应税财产或不动产类型。

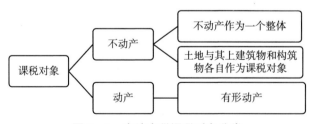

图2-2 房地产税课税对象分类

资料来源：笔者根据相关资料绘制。

（1） 对不动产课税

作为房地产税课税对象的不动产通常包括土地及永久附着于土地上的建筑物、构筑物和改良物。从不动产类型角度分析，房地产税的课税对象包括住宅、商业、工业、农地、基础设施等。大多数国家在确定房地产税课税对象时，将土地及其上的建筑物和构筑物作为一个整体。也有少数国家对土地或者房屋设置不同的税收，或者只对土地或者房屋进行课税。例如，澳大利亚和新西兰的土地税，课税对象仅为土地，不包括其上的建筑物和构筑物。中国台湾地区则是对土地和房屋分别课税，对土地征收地价税，对房屋征收房屋税。

（2） 对动产课税

一些国家房地产税的课税对象还包括动产。通常来讲，这些国家更多使用财产税这一名称。典型案例是美国、日本和韩国。

在美国，作为财产税课税对象的动产主要包括四个类型：移动房屋、存货、机器设备和汽车。各州都有自己的法律，来规定哪些动产需要征收财产税。日本则将折旧资产作为固定资产税的课税对象之一。折旧资产指土地及房屋以外的、可供企业使用的资产，但不包括汽车这类动产，以及矿业权、渔业权、专利权及其他无形折旧资产[1]。韩国财产税的课税对象为土地、建筑物、住宅、飞机及船舶[2]。

---

① 日本《地方税法》第3章，第2节，第341条。
② 韩国《地方税法》第9章，第104条。

📖【专栏 2 - 1】

一些国家房地产税课税对象范围的资料索引

尽管房地产税课税对象在大的分类上比较清晰，但是在具体应税财产类型上还是非常复杂的。在房地产税税制比较成熟的国家，通常在法律或手册中对课税对象细类和评估方法进行详细解释。但同时，评估部门也不同程度地拥有自由裁量权。这里列出一些国家课税对象具体内容的资料链接。

➤ 英国议会税和商业房地产税课税对象的详细分类和评估方法可以从其税收手册中获得。评估手册见英国评估办公室（Valuation Office Agency，VOA）网站 https：//www. gov. uk/government/collections/valuation - office - agency - manuals.

➤ 美国财产税课税对象详细分类可参考：林肯土地政策研究院（Lincoln Institute of Land Policy）美国财产税税制数据库. Significant Features of the Property Tax［DB］. https：//www. lincolninst. edu/research - data/data - toolkits/significant - features - property - tax/access - property - tax - database.

➤ 加拿大不列颠哥伦比亚省财产税课税对象详细分类可参考加拿大评估法案 Assessment Act—Prescribed Classes of Property Regulation（B. C. Reg. 438/81，O. C. 2198/81），http：//www. bclaws. ca/civix/document/id/complete/statreg/438_81.

➤ 韩国内政部. 地方税法（英文版）［EB/OL］.（2014 - 5 - 20）［2021 - 1 - 10］. https：//elaw. klri. re. kr/eng_service/lawView. do? hseq = 32492&lang = ENG.

15. 农业用地及其上建筑是否征收房地产税？是否有特殊规定？

在大多数征收房地产税的国家，农业用地（即农地）都是作为课税对象之一。很多国家出于保护农业的目的，对农地的房地产税设置一些特殊的规定，从而减轻其税负。方法之一是对农地设置较低的税率，如美国部分州、加拿大、德国、韩国、印度尼西亚等。方法之二是采用区别于其他房地产类型的税基评估方法，或对农地适用较低的税基。典型案例包括美国和日本。例如，在农地计税价值评估时考虑其实际收益等因素，而非潜在开发价值。对于城市周边的农地来讲，这种特殊的评估方法使其计税价值大大低于周围城市用途的土地，鼓励土地保持农业用途。

也有一些国家和地区直接对农地实施免税，例如，英国和中国台湾地区。在中国台湾地区，对土地的课税可以分为地价税和田赋，分别对应城市用地和农地。其中，对农地征收的田赋于 1987 年暂停征收，相当于对农地实施了房地产税的免税。英国对住宅和经营用房地产分别征收议会税和商业房地产税。商业房地产税对于农地及其上的农业用途建筑实施免税；议会税对无法居住或无人居住的住宅实施免税，其中，包括农地上无人居住的住宅。

在对农业用地和农业房地产的保有课税上，各国都面临着一个共同的挑战，即如何确定房地产是否真的用于农业用途，而不是表面上用于农业用途，而实际用于私人居住或商业经营。

美国农地"使用价值评估"与农地开发征税

二战后,美国城市快速扩张,大量郊区的农地用于城市高密度开发,城市周边的农地价格飞涨。当时,美国房地产税在税基评估时对全部土地采用"公允市场价值(fair market value)"评估①,结果造成农民(特别是土地位于城市边缘的农民)房地产税负担大幅增加,进一步加剧了农地的流失。

1957年,马里兰州率先通过立法,对农地的房地产税实施特殊的税基评估,即按照使用价值进行评估(use-value assessment, UVA)。与房地产税通常采用的"公允市场价值"不同,农地使用价值主要考虑农地的实际收益等因素,因此,会低于公允市场价值,以此来降低农地的房地产税负担,鼓励将农地保留用于农业。这种做法目前几乎被所有州采用。

对农地实施使用价值评估的州,通常做法是在州层面启动一个农地保护项目。项目所覆盖的农地统一按照使用价值进行评估,享受房地产税的优惠。当农地所有者决定退出农地保护项目,或者由于规划调整使某块农地改变用途时,各州就在此时要求准备进行开发或已经进行开发的农地所有者补交其享受的房地产税优惠(rollback penalties),或征收单独的农地转用费(conveyance penalties),又或是农地转用税(agricultural land transfer tax)。

对于采用按使用价值进行评估的方式来实施农地保护的做法,在实

---

① "公允市场价值"通常考虑一块土地的"最高、最佳"使用价值。实际上,当时美国很多地方的房地产税评估师会对农地有一些特殊的处理,但都是非正式的方式,农地的房地产税负担仍然很重。

践中也存在一些问题，包括政策实施对象识别存在不准确，使一些"伪装的农民"也得到了政策的好处；使用价值在评估中存在不准确；一些州对于退出农地保护项目，将土地用于城市开发的土地所有者，并没有给予足够的惩罚；使用价值评估适用对象过于宽泛，相比于该政策对房地产税税基的减小程度，其对农地的保护效果并不理想。也有学者认为，相比于使用价值评估，政府实施土地开发权购买或政府征用农地，这两种方法可能在农地保护上更为有效。

（资料来源：Anderson J E, England R W. Use - Value Assessment of Rural Lands：Time for Reform？[M]. Lincoln Institute of Land Policy，2015.）

16. 违法建筑和非正式住房是否要征收房地产税？

在房地产税比较成熟的国家，违法建筑或违法使用并不影响房地产税的征收。从政府部门的职责划分来看，判断房屋或土地是否属于违法建筑或违法利用，这并不是税务部门的职责范围。税务部门的职责是对评估日当天辖区内全部房地产进行评估并征税。对违法建筑或违法使用征税的理由是这些违法建筑也享受了当地公共服务，应当征税。至于是否违法，则由建筑管理部门和土地管理部门负责认定。换句话说，税务部门对违法建筑征税，也不代表承认其合法。

评估方法上，对于没有取得建筑许可的违法建筑，或者是没有按照合同约定的方式使用土地或房屋的，税务部门可以根据实地勘察的情况，按照实际利用方式来确定计税价值并征税。例如，英国议会税在税基评估时明确规定，没有取得建筑许可的住宅，仍需要按照实际用途进行计税价值评估，且与其他合法住宅采用同样的评估方法①。同时，税务部门也会与相关建筑管理部门和土地部门密切合作，将实际勘察和征税的情况及时与相关部门共享。

📖【案例2-2】

拉美国家通过对非正式住房征收房地产税的方式提升社区公共服务水平

在拉美国家，广泛且大量存在着各种非正式住房，特别是在较大的城市周围。非正式住房指的是这些住房和土地在地籍册中没有登记。这类住房是在城市化过程中形成的，居民大多是低收入群体。这些社区的居民并没有土地所有权，其房屋所在的土地所有权归属也往往难以确认。长期以来，拉美地方政府因为权属不清带来的征管难度，并没有对这些社区征收房地产税。结果使这些社区缺少公共基础设施，生活质量较低，贫富差距不断加剧。

近年来，拉美国家开始推动房地产税改革，其中，包括对非正式社区征收房地产税。政府通过将土地所有者和占有者均作为纳税人，并对非正式住房建立适当的评估模型，开展更加准确的信息收集，以及实现广泛的纳税人参与等方式，实现了对非正式住房社区的征税。结果是使这些社区的公共服务和基础设施得到改善，居民生活水平得以提高。

---

① Valuation Office Agency. Council Tax Manual，Practice Note 1，4.1（e）［EB/OL］.（2017-5-5）［2021-1-10］. https：//www. gov. uk/guidance/council-tax-manual/council-tax-practice-notes.

（资料来源：De Cesare C M. Improving the Performance of the Property Tax in Latin America [M]. Cambridge, MA：Lincoln Institute of Land Policy, 2012. ）

17. 在建工程是否要征收房地产税？

对于在建工程的房地产税，国际上主要有两种处理方法。

一种是对在建工程征税，例如，美国、加拿大、日本、韩国。这些国家认为，在建工程也享受了当地公共服务，应当纳税。不仅如此，这些国家还认为对在建工程征税也能够起到避免工程拖延的作用，提高土地利用效率。具体做法是：按照评估时点实际工程完成度进行价值评估和征税。评估人员会对在建工程进行实地勘察，按照成本法或者未来收入折现的方法来评估其价值，并按照完工比例进行折算。为了鼓励开发，美国、加拿大对在建工程的课税也会有减免。对于在建工程的纳税人，则按照评估时点的所有者或实际占用者确定。例如，房地产开发过程中，由拥有该房地产的开发商或业主支付房地产税，建成后则由拥有该房地产的业主支付房地产税。

另一种是对在建工程不征税，例如，英国和中国香港特区。采用这一做法的国家和地区，其房地产税的征税原则认为，房地产税是针对"房屋的使用"征收的税收。对正在开发中的房地产而言，其并没有被使用，也无人居住，因此不应征收房地产税。在英国，当建筑竣工并取得竣工许可时，才开始征收房地产税①。在中国香港特区，新建住宅在竣工并获得占用许可文件时，差饷署会将其纳入当年的估价清单中，对

---

① Local Government Finance Act 1992, Section 17. ［EB/OL］. ［2021 - 3 - 1］. https：// www. legislation. gov. uk/ukpga/1992/14/section/17.

其进行临时估价。临时估价生效日期还会考虑到由于装修而导致房屋不能被使用的因素。对于住宅，临时估价生效日期为竣工并获得在占用许可文件后的 90 天；对于非住宅，认为装修需要更长的时间，为 180 天①。

三、房地产税豁免

18. 哪些房地产可以享受房地产税豁免？

豁免指的是免除纳税责任。从各国适用房地产税豁免的具体房地产类型来看，通常包括：政府拥有且用于公共用途的房地产、皇室拥有的房地产、外交使领馆、宗教崇拜场所、墓地、学校、医院、公共图书馆、公共公园、非营利博物馆、非营利机构拥有的房地产、政府拥有的低收入保障房等。适用豁免的房地产类型通常会以列举的方式出现在相关法律中，地方政府往往拥有对特定房地产实施豁免的权力。

从豁免实施的方法来看，各国的做法可以归纳为两类：一类是将免税房地产完全排除在房地产税征管范围之外，既不对其进行评估，也不对其征税。另一类是仅豁免征税，即仍需要对其进行计税价值评估，但不对其征收房地产税。

各国在确定哪些房地产可以享受房地产税豁免时，主要依据的原则是"公共用途"和"非营利"。换句话说，无论房地产是政府等公共机

---

① 香港特别行政区政府差饷物业估价署. 香港差饷税制：评估征收及管理［Z］. 2006.

构拥有还是私人拥有，享受房地产税豁免的前提是其用于公共用途且为非营利。例如，政府拥有的房地产，如果是用于经营用途，则不能享受豁免。

对公共用途和非营利房地产实施税收豁免的理由主要有两个：第一，非营利房地产是公共服务提供者单纯地用于提供公共产品和服务的一种资源，不应当作为房地产税的课税对象①。换句话说，非营利房地产这类房地产本身是由公共财政或者捐助提供的，如果对其课税，则会造成行政成本浪费，也不利于公共事业的开展。第二，对非营利房地产的税收豁免是一种对公共产品和服务提供者的补贴②。

19. 免税房地产真的免税吗？替代费是什么？

免税房地产虽然不需要缴纳房地产税，但事实上享受了当地的公共服务。特别是对于政府所在地城市、大学集中分布的城市等，大量免税房地产在减少当地税收收入的同时，并未降低公共服务的需求，由此对地方政府财政带来压力。为了解决这一问题，一些国家对部分免税房地产征收替代费（in lieu of tax），用于弥补当地公共服务的收支缺口。比较典型的案例包括美国、英国、加拿大、新加坡等国家。在这些国家，替代费的标准由政府制定收费，或者是基于政府与房地产所有者之间的协商。

---

① Swords P. The Charitable Real Property – Tax Exemption as a Tax Base – Defining Provision [A]//Property – Tax Exemption for Charities：Mapping the Battlefield. The Urban Institute，2002.

② International Association of Assessing Officials. Standard on Property Tax Policy [Z]. Chicago，2010.

📖【案例 2 – 3】

加拿大不列颠哥伦比亚省财产税替代拨款

财产税替代拨款（grants-in-lieu of property tax）是联邦和省政府向地方政府支付的一种拨款，用于替代应缴纳的房地产税。根据加拿大宪法规定，高层级政府可以享受房地产税豁免。因此，联邦和省政府及其附属机构，皇室机构（crown corporations）拥有的房地产并不需要在所在城市缴纳房地产税。但是这些房地产在所在地是享受地方公共服务的，因此，拥有这些房地产的高级政府和机构需要以拨款的形式支付相应的费用，例如，排水、道路、消防等费用。替代拨款有专门的法律来规定计算方法和支付方式。对于省政府，其替代拨款规定见于《城市补助法案》（Municipal Aid Act）；对于联邦政府，其替代拨款规定见于《替代费支付法案》（Payment in Lieu of Taxes Act）。

替代拨款按年支付给所在地的地方政府，拨款额度的确定类似于房地产税。适用于替代拨款的房地产类型包括法院、政府办公楼、急救中心等。对于学校、医院，以及皇家机构拥有的高速路、公园、森林等，则完全享受免税，并不适用替代拨款。

（资料来源：加拿大不列颠哥伦比亚省政府网站 https：//www2. gov. bc. ca/gov/content/governments/local – governments/finance/requisition – taxation/grants – in – lieu – of – taxes. ）

📖【案例 2 – 4】

英国如何逐步对皇室房地产开始课税的？

英国法律传统上，除非法律明确说明，否则皇室并不受到议会立法的限制。因此，对于皇室及其雇员所占用的房地产并不需要缴税。经过100多年的讨论与政策演变，英国在2000年取消了法律上对皇室房地产的豁免。从此，皇室拥有的房地产与私人房地产一样，需要根据不同用途分别缴纳议会税和商业房地产税。

1860年，英国政府接受了一项原则，即皇室应当对其占用的用于公共目的的房地产向地方政府缴纳一种"代替税收的捐赠"（CILORs），这一原则在1874年得以统一执行。为此，财政部成立了政府房地产评估部（RGPD），专门评估政府占用的房地产，使其与私人占用的房地产采用一致的评估。皇室和政府要基于评估价值来缴纳"代替税收的捐赠"。根据当时的案例法，享受房地产税豁免的政府和皇室房地产主要是中央政府占用的房地产、皇家宫殿和公园，以及皇室及其雇员占用的房地产。

1896年，财政部再次强调了"同等评估"原则，在进行一些妥协的基础上得以全面推行。财政部做出的妥协包括：定期再评估、定期支付、允许以捐赠的形式支付。这一时期，隶属于财政部的评估局（VOA）下的皇室房地产处负责确认政府房地产评估部（RGPD）的评估结果、捐赠额，以及征收这类捐赠。对政府和皇室占用房地产的评估，采用与私人房地产通常的原则和方法，适用同样的减免措施。与其他商业房地产税一样，捐赠由地方政府征收，上交至中央政府。由中央政府在地区间进行再分配后返还地方政府。

代替税收的捐赠与商业房地产税不同之处在于：性质上是捐赠而非强制性税收；评估由专门的部门负责，地区之间评估结果往往不一致；皇室机构没有对评估结果的上诉权利；对于多个皇室部门共同占用的房地产，会对其各自占用部分单独评估，单独发放税单。

二战后，英国政府开始讨论取消对皇室房地产的豁免。政府认为，对皇室房地产的豁免有违公平，代替税收的捐赠在评估价值上大大低于私人房地产，影响地方政府税基。1997 年出台，2000 年生效的《地方政府和房地产税法》（Local Government and Rating Act）正式结束了皇室占用房地产的豁免。皇室房地产与私人房地产一样，由评估办公室进行评估和征税，并适用同样的欠税处置流程。

免除皇室房地产的房地产税豁免意味着，英国地标性建筑，如威斯敏斯特宫、伦敦塔也要与其他房地产在同一个评估体系中进行评估。计税价值上，皇室房地产与商业房地产一样采用年租金价值。通常来讲，可以通过市场比较法来确定皇室房地产的年租金。对于难以获得可比实例的皇室房地产，如果完全用于经营用途，则可以使用收益法来评估其市场租金价值；对于用于公共用途的房地产，则使用成本法；对于部分用于居住，部分用于非居住的皇室房地产，则要分别按照市政税和商业房地产税的规定对两种用途的部分进行评估与征税，如白金汉宫和温莎城堡。

关于英国对皇室房地产征税的做法也存在不同的看法。一种说法认为，对政府和皇室房地产征税并没有必要，是公共资源的浪费。另一种说法认为，除了国防、公共卫生、地方政府等提供的纯公共品外，很多政府部门提供的公共品是与私人提供存在竞争的。如果对政府拥有的房地产设置免税，则形成不公平竞争。对政府和皇室房地产征税，更能够显化公共服务的提供成本。

（资料来源：McCluskey W J, Tretton D J. Valuing and Taxing Iconic Properties：A Perspective from the United Kingdom ［J］. Land Lines，April 2013.）

📖【案例 2 – 5】

中国香港特别行政区对部分豁免房地产实施"先征收后补助"

中国香港特别行政区的差饷在豁免上分为豁免评估和豁免缴纳两种

类型，分别对应不同的房地产类型。对于豁免评估的房地产，不仅不需要缴纳房地产税，特区政府也不需要对其进行评估，即完全排除在差饷的评估与征管范围之外。《差饷条例》第 36 条对享受豁免评估的房地产类型进行了列举，具体包括：农地（必须用于农业用途的土地）及相关建筑物（必须用于农业相关用途），位于新界①的农地或农务作业相关用途的住宅建筑物，位于新界指定地区内，并符合规定面积、高度及类别的乡村式屋宇，为供公众做宗教崇拜建成，并完全或主要作该用途的物业单位，坟场及火葬场，特区政府、立法会、行政管理委员会或财政司司长法团所拥有并用作公共用途的物业，由特区政府拥有且公职人员凭借其受雇而占有用作住宅的物业，由香港房屋委员会拥有并由政府占有用作公共用途的物业，军事用地，若干新界重建村落物业单位、平房区或临时房屋区内用作住宅用途的物业，评估应课差饷租值（计税价值）不超过订明款额（书面形式明白约定的款额）的物业（1997 年至 1997 年 7 月为 3000 港币②）。

享受豁免缴纳差饷的物业类型并未在《差饷条例》中明确，而是由行政长官和行政会议颁布豁免令来确定。主要包括：用作公共宗教崇拜用途的物业，特区政府占用、用于公共用途的物业，以及特区政府持有并由公职人员凭借其受雇而占用作为住宅或留待此用途的物业。

总体而言，香港地区对差饷的豁免范围限制非常严格，符合豁免资格的房地产类型并不多。1954 年前，慈善机构及若干社区类别或非营利机构占用的物业，均享受豁免评估差饷。港英政府在 1954 年实施了排除隐含资助的新政策，并修订法律，撤销了很多豁免规定。对于撤销豁免的物业单位，则需要全额缴纳差饷，同时，港英政府通过补助的形式

---

① 中国香港特别行政区三大地理分区之一。
② 香港特别行政区政府差饷物业估价署网站 https：//www.rvd.gov.hk/sc/faqs/rates_exemptions.html.

对合格的慈善和福利机构缴纳的差饷进行返还。这种"先征后返"的做法看似烦琐，但是可以有效避免隐含资助，减少对豁免资格的质疑。同时，也有利于控制豁免的范围，避免豁免滥用导致税基缩小，造成社会不公平的消极影响。

（资料来源：香港特别行政区政府差饷物业估价署. 香港差饷税制：评估征收及管理［Z］. 2006：69 - 70.）

四、计税依据（税基）

20. 房地产税的计税依据是什么？

计税依据也称为税基，计税依据乘以税率便得到房地产税纳税额。房地产税的计税依据（税基）采用从价计税和从量计税两大计税方法。其中，从量计税在操作上相对简便，但是公平性较低。从价计税的模式增加了税基评估的复杂程度，但是公平性较高。从房地产税制度的发展历程看，随着税基评估技术的不断发展，计税方法经历了从量到从价的转变。目前，在全世界范围看，大多数国家采用从价计税的模式。少数国家仍然保留从量计税的方法，但是通过引入价值参数的方法，对从量计税模式进行改良。

对于采用从价计税模式的国家，房地产税的计税依据又可以细分为三种类型，即按照资产市场价值计税、按照年租金价值计税和按照登记价值计税（见图 2 - 3）。

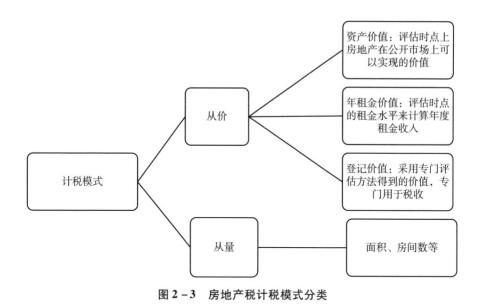

图 2 - 3 房地产税计税模式分类

资料来源：笔者绘制。

（1）资产价值（capital value）或市场价值（market value）

资产价值是房地产在评估时点、公开市场条件下可实现的交易价值，也称为市场价值。资产价值包含房地产的使用价值和未来增值的预期。按资产价值计税能够更好地反映房地产市场价值变化，体现地方公共服务受益程度的不同，使税负分担更加公平的同时，可以使地方政府分享公共服务带来的房地产增值。此外，按资产价值计税与家庭财产在数量上更为一致，具有累进性，能更好地发挥收入再分配的功能。按资产价值计税要求，税基要定期更新，以使其更准确地反映市场价值。

从国际经验来看，房地产税比较成熟的国家，大多采用资产价值作为计税依据。同时，越来越多的国家开始或计划开始采用资产价值计税。在这个过程中，一些国家在更新房地产税计税依据和改革计税模式的过程中也面临着来自纳税人的压力。纳税人反对这些改革的主要原因是预期税负的增加。

需要说明的是，采用资产价值作为计税依据的国家，并不意味着房地产市场价值的100%都作为计税价值。一些国家和地区会对其市场价值乘以一个比例，将"打折"的市场价值作为计税依据。对于这种做法，将在税收减免的部分进行详述。

（2）年租金价值（annual rental value）

年租金价值是在公开市场条件下，假设无限期租赁期时，房地产可以获得的年租金数额。年租金价值主要反映房地产的使用价值，而不包括对未来增值的预期。采用租金价值计税对租房市场活跃程度有一定的要求。租房市场越活跃，用于确定租金的数据越多，年租金价值也就越准确。

使用租金价值作为计税依据的国家和地区大多受英国影响比较大，如新加坡、印度、中国香港特别行政区等。其中，中国香港特别行政区和新加坡是比较成功的案例。而英国在经过几次房地产税改革后，目前已经从按年租金价值计税改为按资产价值计税。

（3）登记价值（地籍价值）（cadastral value）

按登记价值计税的国家主要分布于欧洲大陆。区别于资产价值，登记价值主要用于税收的价值，采用专门的评估方法，通常低于资产价值和市场交易价格。采用这种模式的国家，其法律中通常规定登记价值需要定期更新，但是实践中很多国家并没有严格依照法律进行定期更新。例如，德国[1]、意大利、西班牙等欧洲国家，存在税基长期不更新或者

---

[1] 德国联邦宪法法院在2018年指出现行税基评估体系存在严重不公平，因此判决"违宪"。之后，德国联邦和各州均开始改革现有评估体系。德国新的房地产税计税价值已经在2022年1月生效。2025年将会按照新的计税价值征税。

仅按照简单的价格指数调整方式来进行更新的问题，使计税依据与市场水平差异较大，无法反映市场的变化，既减少了税收收入，又破坏了税制公平。

计税依据更新方面比较成功的案例是日本和韩国。其中，日本每3年更新一次登记价值，韩国则是每年更新。

（4）房屋面积

按房屋面积计税的做法主要存在于一些欠发达国家和地区，其优势主要体现在易于管理（见表2-1）。以色列作为发达国家，对按面积计税的方法进行改良，考虑额外因素进行区位修正，但仍存在着比较严重的税基不公平问题。

表2-1　　　　　　　　　部分国家房地产税计税依据

计税依据	北美洲	欧洲	大洋洲	亚洲	拉丁美洲	非洲
资产价值或市场价值	美国 加拿大	英国（住宅） 丹麦 瑞典 荷兰 爱沙尼亚 立陶宛 俄罗斯 拉脱维亚（名称为地籍价值，但实质是资产价值）	澳大利亚（土地税）	日本 韩国 印度尼西亚 菲律宾 泰国		博茨瓦纳 喀麦隆 肯尼亚（土地） 南非 赞比亚
年租金价值		法国 英国（商业房地产）		新加坡 印度		阿尔及利亚 安哥拉 埃及 埃塞俄比亚 尼日利亚

计税依据	北美洲	欧洲	大洋洲	亚洲	拉丁美洲	非洲
登记价值或地籍价值		德国意大利西班牙			阿根廷巴西哥伦比亚厄瓜多尔墨西哥	
面积		波兰		以色列（加入区位参数）印度部分地区	阿根廷部分地区墨西哥部分地区	布隆迪马达加斯加利比亚

（资料来源：De Cesare C M. Improving The Performance of The Property Tax in Latin America［M］. Cambridge，MA：Lincoln Institute of Land Policy，2012.

Richard M. Bird and Enid Slack. Introduction and Overview［A］. International Handbook of Land and Property Taxation. Edward Elgar Publishing，2004.

Riel Franzsen，William McCluskey. Property Tax in Africa：Status，Challenges，and Prospects［M］. Cambridge，MA：Lincoln Institute of Land Policy，2017.

Sarmite Barvika. The Property Tax in Latvia：System Structure and Current Challenges［Z］. Lincoln Institute of Land Policy，Working Paper WP20SB1，July 2020.）

📖【案例2－6】

英国房地产税计税依据如何从年租金价值改为现行的资产价值？

20世纪80年代以前，英国按照房地产年租金价值征收房地产税，作为地方政府的税收收入。长期以来，英国的房地产税制度面临着很多问题。第一，房地产税的税基长期不更新，严重影响了地方政府的收入。除此之外，税基的更新将会为纳税人带来大幅增加的税负，增大政府所面临的政治压力。第二，由于英国对住宅和商业房地产适用不同的房地产税税率，因此，在商业房地产是否应当承担更多税负的问题上，英国出现了激烈的争论。第三，当时社会存在严重的"仇富"心态，导致居民内部就税负的分配问题产生了巨大的矛盾。上述三个原因直接导致了英国房地产税的废除。

1978年，撒切尔夫人宣布废除对住宅征收的房地产税，设立新的"社区费（community charge）"。社区费按人征收，很多人称之为"人头税（poll tax）"。这是一种更加落后和低效率的制度，受到了更加强烈的反对。

1994年，英国决定废除社区费，恢复住宅房地产税制度，即现行的"议会税（council tax）"。议会税按照房屋的资产价值计税，具体做法是将住宅按评估价值分为8档，每档适用不同的固定税额。各档固定税额之间有固定的比例关系，评估价值越高的分档，对应的税额越高。

英国现行议会税存在着计税依据陈旧的问题。英国目前仍然使用的评估价值其评估时点为1991年4月1日。而英国的当前住房市场价值早已远高于当时最高档对应的价值，造成税负分配的不公平。

（资料来源：Youngman J. The Property Tax in Development and in Transition ［A］// Bahl et al.，（ed.），Making the Property Tax Work. Cambridge，MA：Lincoln Institute of Land Policy，2008：19 - 34.）

德国在计税依据更新方面遇到哪些困难?

德国房地产税以登记价值为计税依据。德国有专门针对登记价值的评估方法和相关规定,其法律规定登记价值需每6年更新一次。但实际上,德国并没有执行法律中的登记价值更新规定。目前,原东德、西德地区分别采用1935年、1964年的登记价值,计税依据严重偏离市场价值而且评估标准存在地区不一致的问题,造成巨大的不公平。以首都柏林为例,城市的一半是原东德地区,另一半是原西德地区。这就意味着,一个城市内存在两个计税依据,制度存在严重的不公平性。

近年来,地方政府对改革房地产税评估方法和更新计税依据的呼声不断高涨,但是也受到纳税人强烈抵制。2018年4月10日,德国联邦宪法法院做出裁决,德国迄今使用的房地产税的评估方法违反宪法规定的税收公平原则,必须在2019年12月31日之前颁布新的评估方法。联邦宪法法院也对新方法的实施设置了过渡期,2025年1月1日必须执行新的评估方法。目前,联邦与各州对房地产税税基评估方法达成了一致,各州根据情况可以选择采用联邦的评估模型或自建评估模型。新的税基评估结果已于2022年1月1日生效。

(资料来源:BVerfG. Judgment of the First Senate of 10 April 2018 – 1 BvL 11/14 – , paras. 1 – 182 [EB/OL]. (2018 – 4 – 10) [2021 – 1 – 10]. http://www.bverfg.de/e/ls20180410_1bvl001114en.html.

KPMG. Gernman Tax Monthly:Information on The Latest Tax Developments in Germany. October 2021 [EB/OL]. https://home.kpmg/de/en/home/insights/2021/09/german – tax – monthly – october – 2021.html.)

东欧转型国家如何建立以资产价值为
计税依据的房地产税制度？

东欧转型国家在 20 世纪 90 年代从计划经济开始向市场经济转变，住房开始私有化，房地产市场逐步建立。政府分权和地方自治的强化也是改革的重要方面。在这个过程中，东欧各国也纷纷建立起房地产税制度。近年来，东欧转型国家也在不断对房地产税制度进行改革，主要的方向是建立基于市场评估价值（资产价值）的房地产税制度。

俄罗斯经过多年的讨论，终于在 2015 年进行了房地产税改革，将原来按照账面原值计税的方法改为每年更新的地籍价值计税，以应对经济下滑带来的财政缺口。新房地产税的法定税率为 0.1%，地方政府可根据自身需求将税率提高至 0.3% 或者将税率降低至 0。对于非住宅用途的房地产和价值超过 300 万卢比的住宅，税率为 2%。此外，拉脱维亚和斯洛文尼亚也通过改革建立了基于资产价值的房地产税制度。

在上述国家推进房地产税改革的同时，一些国家正处在房地产税改革的激烈讨论中。在克罗地亚，政府 2017 年初推出了全面的税制改革方案，其中，包括拟在 2018 年实施新的房地产税来替代原来的设施使用费。新房地产税拟按照评估价值计税，税率全国统一为 1.5%。但由于受到纳税人的强烈反对，政府在 2017 年宣布推迟房地产税改革。此外，波兰政府多年来一直在考虑将按面积征收的房地产税改革为按市场价值计税，但是由于巨大的政治阻力，改革难以推进。

（资料来源：https：//www.themoscowtimes.com/2014/10/06/putin – signs – law – switching – property – taxes – to – cadastral – values – a40127.

https：//balkaninsight.com/2017/08/09/croatia – postpones – disputed – tax – law – after – petition – 08 – 09 – 2017.）

📖【案例 2 – 9】

中国香港特别行政区年租金价值如何与土地批租制①相适应？

中国香港特别行政区差饷按照年租金价值计税，税基年度更新。香港地区的房地产租赁市场非常活跃、租金数据非常丰富，为年租金价值计税提供了数据基础。统计数据显示，香港房地产市场中各类房地产的租金水平波动低于资本价值的波动②。因此，年租金价值计税也有利于税负的稳定。另外，1997 年以后，香港地区的土地为特区政府所有，特区政府通过"批租"将一定年期（1997 年后为 50 年）的土地出让给私人使用者。使用年租金价值计税可以回避土地是否归个人所有的争议。

（资料来源：香港特别行政区政府差饷物业估计署. 香港差饷税制：评估征收及管理 ［Z］. 2006：25.）

---

① 中国香港地区的土地批租制指的是，香港特区政府一次性出让若干年限的土地使用权。中国内地的土地出让制度正是借鉴自香港地区的土地批租制。

② 香港特别行政区政府差饷物业估价署. 香港差饷税制：评估征收及管理 ［Z］. 2006：25.

五、税率

21. 房地产税税率有几种确定方式？

房地产税税率的确定方式上，可以分为"以支定收"和"固定税率"两种。

（1）以支定收

分权程度较高的国家和地区，地方政府通常有确定当地房地产税税率的权力。典型做法可以简称为"以支定收"，即用地方政府预计的下年度财政支出规模除以当年税基规模，"倒算"得到下年度税率。这种模式下，法律中仅规定税率的确定方法，而具体税率水平则由地方政府每年确定并公布。

"以支定收"的优点在于将财政收入决策和开支决策联系起来，有助于提高公共财政决策的效率。这种税率确定的方法需要每年对财产的价值进行评估，因此，需要有良好的评估技术和评估人员提供支持。典型国家和地区如美国、英国、加拿大、法国、南非等。

（2）固定税率

集权程度较高的国家和地区，房地产税的税率往往在法律中予以固定，也称为固定税率。典型国家和地区包括韩国、日本、新加坡、中国香港特别行政区。在一些采用固定税率模式的国家，中央政府或联邦政府会赋予地方政府一定范围内的调整税率的权力。

📖【案例 2 – 10】

日本固定资产税标准税率下的地方税收自主权

日本固定资产税（房地产税）是市町村一级地方政府税收。固定资产税的标准税率在法律中有所明确，为 1.4%。同时，日本相关法律也赋予地方政府权力，可以以地方法令的方式在标准税率基础上进行调整。

值得注意的是，中央政府允许地方政府对标准税率进行调整，是包括"上调"和"下调"两种。2004 年以前，日本中央政府规定了地方政府固定资产税的上限为 2.1%，但这一上限在 2004 年被取消了，目的是给地方政府更大的税收自主权。根据日本学者的统计，在日本 1719 个市町村政府中，有 153 个超出标准税率 1.4%[①]。

对于从标准税率基础上进行下调，几乎没有地方政府选择这样做。原因是日本的财政体制还是一个偏向集权的体制，所有地方政府都在不同程度上依赖于上级政府的转移支付。而上级转移支付的计算基础之一为固定资产税的标准税率。因此，如果地方政府选择低于标准税率，则会减少获得的上级转移支付数量，影响地方财政收入。

（资料来源：De Wit A. Property and Land Taxation in Japan［A］. Property Tax in Asia：Policy and Practice. Columbia University Press，2022.）

---

① 任强，杨华，马海涛. 对日本房地产保有环节税收政策实践的思考和借鉴［J］. 国际税收，2018（5）：29 – 34.

📖【案例 2 – 11】

德国"联邦标准税率×地方征收率"的房地产税税率体系

德国现行房地产税将课税对象分为 A 和 B 两类。A 类主要包括农业用地和森林；B 类则包括其他房地产类型。根据德国目前房地产税改革的方案，可能会增加类型 C，专门针对未开发土地，目的是鼓励土地开发（见表 2 – 2）。

表 2 – 2　　　　　　　　　　　　德国联邦标准税率

分类	房地产类型	税率
A 类	农业用地和林地	0.6%
B 类	原西德地区	0.26% ~ 0.35%（因州和类型而异）
	原东德地区	0.5% ~ 1%（因州和类型而异）

德国房地产税税率由两部分组成，一个是联邦制定的标准税率，根据房地产类型和所在地区有所差异；另一个是各城市制定的征收率（hebesatz）（见图 2 – 4），以乘数的形式附加在由标准税率计算得出的税额上。

由于长期未更新计税价值，如果仅按照联邦标准税率来征收，城市政府房地产税收入会非常有限。因此，法律赋予地方政府在联邦标准税率上乘以征收率的权力，从而增加房地产税的收入。这种做法也在一定程度上增加了城市政府房地产税收入的自主性和灵活性。

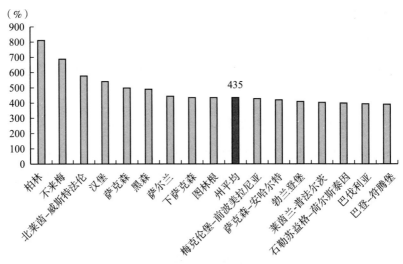

图 2-4　2019 年德国各州房地产税征收率

（资料来源：德国联邦统计局数据库［DB］. https：//www - genesis. destatis. de/
genesis/online? sequenz = statistikTabellen&selectionname = 71231&language = en # abread-
crumb.)

22. 房地产税税率有哪些类型?

房地产税的税率从类型上可以分为三类，即单一税率、分类税率和
累进税率。各国实践中，一些国家同时使用多种税率类型，例如，在分
类税率基础上实施累进税率。

（1）单一税率

单一税率相对于分类税率，指的是对全部房地产类型适用统一的税
率，典型国家和地区如日本、中国香港特别行政区。单一税率下，不同
房地产之间的房地产税税负分摊完全取决于税基大小，对税负分摊的人

为干预较小。从税制复杂程度来讲，相比分类税率和累进税率，单一税率更加简单。

（2）分类税率

分类税率是对不同房地产类型适用不同的税率，比较常见的做法是对房地产按用途进行分类，设置不同的税率。通常来讲，工商业税率较高、住宅税率较低，如美国、德国和加拿大部分地区。也有一些国家对土地和建筑物设置不同的税率，如韩国。采用分类税率的结果是不同类型房地产在税负上的差异，例如，能够体现政策上对居住需求的支持。当然，对于工业和商业房地产采用较高的税率，这也经常会引发"让工商业房地产承担更高的税是否会影响当地经济发展"的争议，从而招致工商业房地产所有者或使用者的异议。

（3）累进税率

累进税率通常指的是按照房地产评估价值进行税率的累进，房地产评估价值越高，适用的税率越高。采用这种做法的国家或地区，目的是更大地发挥房地产税作为财产税的再分配作用。

📖【案例 2 – 12】

韩国"土地与建筑物相分离 + 分类 + 累进"的财产税税率

韩国对住宅和非住宅采用完全不同的税率体系。对于住宅，采用土地和建筑一体课税的方法；对于非住宅则采用土地和建筑分别课税的方法。对土地的课税方面，对于不同类型的土地有不同的处理方式，分为综合计税和单独计税两种方式。综合计税是指将纳税义务人拥有的市、郡、区管辖区域内的土地价值进行合计，然后课税。单独计税则是对每一宗土地单独征税。适用综合计税的土地分为两类，税率有所不同。建筑物的课税相对简单，针对不同类型采用单一税率的方式（见表2-3）。

表2-3 韩国财产税税率表

类型	税基		税率（%）
土地	一般综加总税土地[a]	不超过5000万韩元	0.2
		5000万~1亿韩元	0.3
		超过1亿韩元	0.5
	特别加总计税土地[b]	不超过2亿韩元	0.2
		2亿~10亿韩元	0.3
		超过10亿韩元	0.4
	单独计税土地	1. 农地、橡树林、牧草地、林地	0.7
		2. 高尔夫球场用地和高档休闲用地	4
		3. 其他土地	0.2
建筑	1. 高尔夫用途建筑和高档休闲建筑		4
	2. 居住区内的工厂建筑		0.5
	3. 其他建筑		0.25
住宅	空置住宅		0.40
	其他住宅	不超过6000万韩元	0.10
		6000万~1.5亿韩元的部分	0.15
		1.5亿~3亿韩元的部分	0.25
		超过3亿韩元的部分	0.4
游艇	豪华游艇		5
	其他游艇		0.3
飞机			0.3

类型	税基	税率（%）
人口总量控制区内新建或扩建工厂		0.25 的 5 倍^c

注：a. 综合计税：将纳税义务人拥有的市、郡、区管辖区域内的土地价值进行合计。

b. 特别综合计税土地包括：工业、办公、商业、车库、保税仓库、测试、研究、检查、物流综合设施使用的土地，适用税率低于综合合计课税的土地。

c. 在人口总量控制区内新建或扩建的工厂，税率为建筑类型下其他建筑税率的 5 倍。

（资料来源：Ministry of Strategy and Finance. Korean Taxation 2016［Z］. https：//english. moef. go. kr/sh/searchList. do? range = anywhere&searchTerm = A + guide + to + korean + taxation. ）

📖【案例 2 – 13】

加拿大不列颠哥伦比亚省温哥华市
"分层 + 分类" 的财产税税率

美国和加拿大都是分权程度较高的国家，地方政府采用"以支定收"的方法确定税率水平。而且根据法律的授权，不同层级或类型的地方政府或机构有权指定自己的财产税税率，获得相应财产税收入，方法是对统一的税基附加不同的税率。此外，分类税率也是美国和加拿大一些地方常见的做法。下面以加拿大温哥华市为例，来说明这种"分层 + 分类"的税率体系。

加拿大不列颠哥伦比亚省《财产税法》将应税房地产分为 9 个大类（见表 2 – 4），每个大类对应不同的税率水平。在税率的构成上，温哥华市的地域范围内存在多个征收财产税的政府主体，包括城市政府、省政府、温哥华地区政府。此外，还有一些政府法定机构也有权力制定自己的财产税税率。从合计的税率水平来看，对重工业和设施征收的税率最高，轻工业、商业和农业次之，最低的是住宅、休闲与非营利。

表 2-4　　　　　　　　2019 年加拿大温哥华市财产税税率

财产分类	一般用途税率	省学校税率	Tanslink 轻轨税率	BC 省评估局税率	加拿大温哥华地区税率	市财政局税率	合计
1. 住宅	0.133572	0.091773	0.022617	0.003970	0.004164	0.000020	0.256116
2. 设施	2.422751	1.320000	0.230930	0.048300	0.014575	0.000070	4.036626
3. 保障性住宅	0	0.010000	0	0	0.004164	0.000020	0.014184
4. 重工业	3.039510	0.370000	0.156130	0.048300	0.014158	0.000070	3.628168
5. 轻工业	0.427116	0.474286	0.131365	0.013870	0.014158	0.000090	1.060885
6. 商业及其他	0.427116	0.394555	0.089467	0.011538	0.010202	0.000053	0.932931
7. 有管理的林地	—	—	—	—	—	—	—
8. 休闲与非营利	0.130876	0.230000	0.017340	0.003890	0.004164	0.000020	0.386290
9. 农业	0.130876	0.710000	0.035100	0.003890	0.004164	0.000020	0.884050

注：不含省附加学校税率。

（资料来源：温哥华市政府网站 https：//vancouver. ca/home - property - development/tax - rates. aspx. ）

📖【案例 2-14】

新加坡"分类＋累进"的财产税税率体系

新加坡财产税税率通过法律的形式明确规定。财产税采用分类税率，将房地产分为自住住宅、非自住住宅和工商业房地产三个类别。税率水平上，工商业房地产适用单一税率，税率水平高于住宅。对于住宅，则适用累进税率（见表2-5）。

表2-5　　　　　　　　2019年新加坡财产税税率

自住住宅		非自住住宅		工商业房地产
序号	市场评估价值（新元）	税率（%）	市场评估价值（新元）	税率（%）	税率（%）
1	0~8000	0	0~30000	10	
2	8000~55000	4	30000~45000	12	
3	55000~70000	6	45000~60000	14	
4	70000~85000	8	60000~75000	16	10
5	85000~100000	10	75000~90000	18	
6	100000~115000	12	90000以上	20	
7	115000~130000	14	—	—	
8	130000以上	16	—	—	

新加坡这种对自住住宅适用较低税率及对住宅实行累进税率的做法，体现了对住房自住需求的支持，这与其"居者有其屋"的住房政策相一致，同时也增强了财产税的再分配作用。

（资料来源：新加坡国家税务局网站http：//www.iras.gov.sg/irashome/property/property-owners/.）

📖【案例2-15】

英国议会税的"分档固定税额"体系

英国议会税采用"分档固定税额"的方式，这在世界上是比较特别的。在其法律中，将住房按照评估价值分为8个分档，每一档对应一个评估价值范围，以及相应的税额比例①（见表2-6）。地方政府每年会确定 D 档对应的税额，从而相应计算出其他各档的税额。

　　需要指出的是，表2-6中每档对应的价值为1991年评税时点的价值。到目前为止，英格兰地区并没有更新税基，因此所有住宅的价值都要折算到1991年评税时点的价值。税基的陈旧也造成高价值住房的税负偏低，存在税负累退的问题。

表2-6　　　　　　　英国英格兰地区市政税等级与税额比例

分档	价值区间（英镑）	税额比例
A	不超过40000	6/9
B	40001～52000	7/9
C	52001～68000	8/9
D	68001～88000	9/9
E	88001～120000	11/9
F	120001～160000	13/9
G	160001～320000	15/9
H	超过320000	18/9

（资料来源：笔者根据资料整理。）

📖【专栏2-2】

中国香港特别行政区关于单一税率、
分类税率和累进税率的讨论

　　中国香港特别行政区的差饷采用单一税率，即对全部类型房地产采

---

① UK. Local Government Finance Act 1992, Chapter 14, Part I, Section 5.

用统一的税率。在香港地区曾有过是否应当将现行单一税率改为差异化税率的讨论。由于中国香港和新加坡的房地产税制度都受到英国的影响，例如，都是采用年租金价值作为计税依据。不仅如此，中国香港和新加坡两地在经济、社会方面比较类似，因此，在税制上，也往往将两地进行比较。

新加坡财产税对自住住宅、非自住住宅和工商业房地产采用分类税率。税率水平上，住宅低于工商业，自住住宅低于非自住住宅。不仅如此，对于住宅还设置了按价值累进的税率。在中国香港地区，也有人建议参考新加坡的做法，采用分类税率，对不同类型的房地产设置不同的税率，或是采用累进的税率。

针对上述关于税率的讨论，中国香港特别行政区差饷物业估价署（以下简称"差饷署"）在其出版的《香港差饷税制：评估、征收及管理》一书中专门进行了讨论。差饷署认为，单一税率制度更加适合香港地区。而对香港如果实施分类税率可能的影响方面，差饷署认为，"分类税率或累进税率的做法可能会引起社会分化，并且有欠公平、增加执行成本。对工商业界而言，税率的变化会增加营商成本，最终可能会对若干行业，特别是中小企业造成困难。不仅如此，分类税率在执行上也存在困难，例如，引发有关房地产用途认定方面的争议，尤其是一些商住混合用途或改装用途的房地产，增加了执行的成本。"

对于采用单一税率的理由，差饷署则认为："香港征收差饷的目的是以差饷税收支付各项公共服务开支，应当尽可能做到广泛征收，公平分担税负。由于自住住宅与其他类型房地产享受的公共服务是相同的，因此，没有理由对某类房地产，如自住住宅，征收较低的税率。"

关于累进税率，差饷署认为，香港现行的单一税率下，年租金价值越高的房地产纳税额越高，具有累进性，且能够反映纳税人纳税能力的不同。

（资料来源：香港特别行政区差饷物业估价署. 香港差饷税制：评估、征收及管理 [Z]. 2006：24 - 25.）

六、税收减免

23. 为什么要设置税收减免及税负限制措施？

　　房地产税的实践中，各国都出台了税收减免规定和其他对税负的限制措施。对房地产税进行减免或限制的原因通常包括：降低低收入或特定人群的税收支出，为其基本生活提供社会支持；降低特定房地产类型（如住宅）的税负，支持该类用途，保障基本居住需求；通过降低特定地区税负，吸引投资；地方政府通过出台减免措施，赢得纳税人支持。

　　税收减免在降低特定人群或房地产类型税负的同时，也会造成税负分摊机制的改变。例如，在不改变房地产税总收入的前提下，对住宅实施普遍减免，则意味着工商业等其他类型房地产会承担更多的税收负担，由此可能引发工商业房地产所有者的不满，也可能引发市场行为的改变。

📖 【案例 2 - 16】

美国加利福尼亚州 13 号法案

　　1978 年 6 月，加利福尼亚州通过了州宪法第 13 号提案（Proposition 13）。

修正后的州宪法大幅削减了房地产税，并制定了一系列政策开始限制税收增长，如房地产税税额不得超过房地产价值的1%；房地产统一按照1975年3月1日的价值征税，此后发生交易的房地产则按照交易时点的价值征税；房产评估价值通货膨胀系数调整上限为2%；禁止州和地方政府征收任何房地产交易环节税收；任何增加房地产税税负或开征新的房地产税的法案，须获得2/3以上的多数选民同意。

美国房地产税历史上，加州13号法案是一个重大事件。此后，各州纷纷效仿加州的做法，对房地产税进行限制。这些对房地产税的限制措施在严格限制税率的同时，对房地产税整体的架构也有重大改变。美国各州对房地产税的限制在财政和土地利用等方面都产生了深远影响。

（资料来源：Frederick D Stocker. Proposition 13：A Ten-year Retrospective ［C］. Cambridge，MA：Lincoln Institute of Land Policy，1991.）

24. 房地产税减免措施可以分几类？

税收减免从对象上可以分为四类，即针对税基、税率、税额和其他（见表2-7）。从使用范围和效果看，对税基减免的适用范围广，但减免针对性差，更容易造成税负分配的不公平。与纳税人收入挂钩的税率和税额减免措施，政策的针对性较高，相对而言更加公平。

表2-7　　　　　　　　　房地产税减免措施分类

类型	具体措施	
针对税基的减免	免税	• 做法：免除纳税责任 • 对象：特定类型房地产或特定人群

类型		具体措施
针对税基的减免	评估比率	• 做法：将税基市场评估价值的一定比例作为计税依据，俗称"税基打折" • 对象：特定类型房地产或特定人群
	计税价值增长上限	• 做法：税基定期更新时，规定市场评估价值增幅不得超过某一特定比例或不得超过当年消费价格指数（CPI） • 对象：全部课税对象，也有案例是针对未经交易的存量住房①
	基于当前用途的评估	• 做法：税基评估时不依据评估对象房地产法律许可用途下能够实现最大市场价值的利用方式（也称"最高、最佳利用原则"），而是基于当前利用方式进行估价 • 对象：对特定类型房地产
针对税率的减免	特定类型房地产或人群低税率	• 做法：设置低于标准税率的税率水平 • 对象：特定类型房地产或特定人群
	设置税率上限	• 做法：在房地产税税率定期调整的地区，规定年度税率不得超过某一特定水平 • 对象：全部课税对象或特定类型房地产
针对税额的减免	设置税负上限（断路器）	• 做法：设置房地产税应纳税额占家庭收入比重的上限，如果超过上限，则对应纳税额实施减免，直至等于纳税额占家庭收入占比符合所规定的上限水平 • 对象：特定类型房地产或特定人群
	特定类型房地产或人群的税额减免	• 做法：对房地产税税额减少一个固定比例或额度 • 对象：特定类型房地产或特定人群

---

① 见前面案例"美国加利福尼亚州 13 号法案"：房地产统一按照 1975 年 3 月 1 日的价值征税，此后发生交易的房地产则按照交易时点的价值征税；房产评估价值通货膨胀系数调整上限为 2%。

类型		具体措施
其他	递延纳税	• 做法：申请暂缓缴纳房地产税，通常将纳税推迟到房地产发生交易或继承环节，需在缴清递延部分税额的同时，支付相应的利息 • 对象：低收入的老年人

25. 什么是计税价值增长幅度上限？

对于按价值计税的国家和地区，房地产税计税依据会随房地产价值的变化而变化。为了控制房地产税税负的增加幅度，一些地方政府会对全部类型房地产或特定类型房地产的评估价值设置增幅上限，甚至冻结评估价值。这种方法对于房地产税税负的控制非常直接，效果往往"立竿见影"。但这种方法也有缺点，会导致房地产税税基的"萎缩"，不利于地方政府财政收入的可持续性。计税价值增幅上限如果长期使用，甚至制度化，则会使计税价值逐渐脱离市场价值，难以反映不同房地产之间相对价值的变化，导致税负分担的不公平。典型案例是美国的一些地方政府，例如，加州 13 号法案中仅对未发生转让行为的存量住宅设置评估价值增长上限，这种做法造成了住宅与住宅之间税基横向的不公平。

需要说明的是，一些国家或地区在其法律中对住宅采用特殊的计税价值评估方法，或在实际操作中并没有及时更新计税价值，结果是计税价值远远低于实际的市场价值。因此，我们会发现这些国家可能没有出台很多的税收减免措施，但实际上这些国家或地区的房地产税的税基已经大幅缩减，平均来看实际税负也往往是比较低的。

26. 什么是评估比率?

"评估比率"（assessment ratio）是计税价值与房地产市场价值的固定比例。设置评估比率的国家或地区，房地产市场评估价值乘以评估比率就等于房地产税的税基。

评估比率在使用范围上可以分为两种，一种是适用于全部房地产类型的评估比率，例如，美国密歇根州将市场评估价值的50%作为计税依据，伊利诺伊州将市场价值的1/3作为计税依据。在这种对全部房地产适用统一的评估比率的做法下，并没有改变不同房地产之间税基的比例关系，也没有对改变房地产税税负的分担方式。另一种是适用于特定房地产类型的评估比率。例如，美国一些州为了保护历史遗迹、农地等，对这些类型房地产设置较低的评估比率，从而降低其税负。日本也有类似的做法，对住宅的固定资产税使用评估比率，相当于对税基"打折"，实现降低住宅税负的目的。具体做法是：住宅的计税依据为评估价值的1/3；对于占地面积小于一定数量的小规模用地住宅，其计税价值为评估价值的1/6。上述做法可以实现对特定类型房地产的税基"打折"，在相同房地产税税率下，可以起到减轻特定类型房地产的房地产税负担的效果。

27. 什么是"基于当前用途的评估"?

"基于当前用途的评估"（current use valuation）主要用于特定土地用途或房地产用途的保护。以美国为例，财产税的计税价值被定义为

"公平市场价值"（fair market value），即房地产在评估时点及正常市场条件下，能够实现的最高的价值。对于农地及农业用房、林地、自然保护地等土地和房产，在法律许可的前提下可能有收益更高的利用方式。在公平市场价值定义下，这些房地产的评估价值将会是法律允许用途下最高、最佳利用方式对应的市场价值。为了保护这类土地，维持其现在的用途，美国一些地方政府对这类房地产采用"基于当前用途的评估"，以此来降低财产税负担。

28. 什么是与收入挂钩的减免（断路器）?

美国一些州将纳税额的减免与纳税人收入挂钩，通过设置纳税额占纳税人收入比重的上限（也形象地称为"断路器"circuit breaker），从而实现更有针对性的财产税减免。断路器的条件，除了收入符合一定要求外，通常还需要满足年龄（通常为老年人）、残疾人、遗属、自住房屋等条件。根据林肯土地政策研究院数据库的数据[1]，2018 年，美国共有 34 个州采用了断路器的做法。

29. 什么是递延纳税?

房地产税是按照房地产市场评估价值来计税。自住的房产本身并不

---

① Lincoln Institute of Land Policy and George Washington Institute of Public Policy. Significant Features of the Property Tax ［EB/OL］. https：//www. lincolninst. edu/research – data/data – toolkits/ significant – features – property – tax/access – property – tax – database/residential – property – tax – re- lief – programs.

产生现金收入，这就可能造成房产价值与纳税人现金收入之间的不匹配。典型的例子是在城市中心区居住的老年人家庭，他们的房屋是在年轻时候购买的，随着房屋价值的不断增长和城市的发展，其房屋的评估价值可能很高。但在退休后，他们的收入水平有比较大幅的降低，这就造成了房地产税负过重的情况。如果完全从市场角度考虑，这些老人可以将居住的高价值房屋出租或出售，搬到房地产价值低一些的地方，减少房地产税支出。但是如果考虑这些老人的居住权利，地方政府并不能强制他们出售房产。在这种情况下，首先应当明确，上述案例中提到的老年人，他们并不是没有支付房地产税的能力，因为他们拥有的房产是有价值的。这些老年人只是当期的现金收入无法支付房地产税。针对这种情况，美国、加拿大等一些国家就通过延期纳税（property tax deferral）的方法，既保障老人的居住权利，又使地方政府可以获得相应的房地产税。

简单来说，延期纳税是指纳税人可以申请推迟缴纳一部分房地产税，在未来房屋出售或者继承的时候，一次性支付推迟缴纳的税款。同时，地方政府会在申请延期纳税的房产上附加一个税收留置权（tax lien）。当房屋出售或继承时，政府有权优先获得相应的房地产税。延期纳税是保障老年人居住权利的一项措施，因此申请人必须满足一系列的条件，例如，申请人必须是老年人，所申请的房屋必须是其主要居所，可支配收入必须低于一定水平等。

📖【专栏 2 – 3】

税收留置权

税收留置权（tax lien）是英美法系中的一个概念，当纳税义务人发生欠税时，纳税义务人就成为政府的债务人。政府作为债权人可以对欠税人的财产（动产或不动产）设置税收留置权，以确保政府税收优先受偿。

在美国一些地方，地方政府可以将房地产税的税收留置权在私人市场上出售。通过这种方式，地方政府可以提前收回欠税，保证地方政府税收收入的稳定。当欠税房地产通过拍卖进行处置时，税收留置权的私人购买者可以获得相当于欠税和欠税部分年利息的受偿。

（资料来源：笔者根据资料整理。）

30. 房地产税有哪些间接的税负限制措施？

除了对税基、税率和税额的直接减免措施，一些地方政府还有一些间接的措施来实现对房地产税负的控制。这些做法主要应用于美国，原因是美国的分权程度较高，地方政府可以通过立法、预算等方式，间接实现对财产税的限制。主要做法有以下三种：第一种，对地方政府财产税总收支规模设施控制，从而间接实现对个人房地产税负担的控制。第二种，增加财产税税基更新和税率调整的公众参与程度，从程序上增加公众对政府行为的问责和制约。例如，规定地方政府必须获得2/3居民同意，才可以实施税率调整。第三种，提高房地产税税基和税率，调整措施的立法层次，从程序上增加地方政府实施房地产税税基或税率调整的难度。例如，税基或税率的调整必须以地方立法的形式出台。

日本固定资产税减免及税负控制措施

▶固定资产税税收减免措施的演变历程

日本房地产价格在历史上经历过两轮经济快速上涨。第一轮是 1955 ~ 1973 年，经济快速发展带来的房地产价值快速增加。第二轮是 20 世纪 80 年代后半程的房地产泡沫时期，房地产价格的飞涨极大增加了人们持有住宅的税收负担。

为了降低持有住房的税负，日本地方政府的做法是降低固定资产税计税依据的评估价值，使其大大低于市场价值。如 1979 年用于固定资产税的评估价值大概是日本国税厅给定具体地段的官方价值（也称为路线价，约为国土资源厅公示地价的 70% ~ 80%）的 61.4%。1991 年，这一比例降至 36.3%。而且越是价值高的区域，这一比例越低，在大阪市可以低至 14.6%。

不少基层政府官员认为，这是可以理解的。房地产税是地方税，在上级政府法定税率的情况下，基层政府只能通过调整实际评估率稳定居民房地产保有环节税负，从而抵消房地产市场运行周期给基层政府收入和纳税人税负带来的冲击①。

1992 年，日本开展了一揽子房地产税制改革，其中包括逐步提高固定资产税计税价值的评估比率，使其接近市场价值。目前，固定资产税评估价值为公示价格的 70%。

---

① 任强，杨华，马海涛. 对日本房地产保有环节税收政策实践的思考和借鉴 [J]. 国际税收，2018（5）：29 - 34.

▶▶现行减免措施

日本固定资产税在计税依据评估中采用土地和建筑物分别评估的方法。在税收减免措施上，也区分土地和建筑物部分。日本地方政府拥有出台税收减免措施的权力。

值得注意的是，日本固定资产税并没有针对低收入人群设计税收减免，理由是认为拥有住房的人，其固定资产税等保有环节支出是拥有住房的一个前提。如果收入不足以支付保有环节税收，则不应当再拥有住房。

低价值免税。当由同一人在同一市町村内拥有固定资产计税依据总额低于起征点时，不征收固定资产税。土地的起征点是30万日元，住宅建筑的起征点是20万日元，折旧资产的起征点是150万日元。

针对住宅土地部分的税基减免。为了减轻住宅用地所有者的税收负担，日本政府制定了针对住宅用地的特别税收优惠（见表2-8）。

表2-8 住宅用地税收优惠比例

住宅用地的类型		固定资产税	城市规划税
小规模住宅用地	面积小于200平方米的部分	评估价格×1/6	评估价格×1/3
一般住宅用地	超过200平方米的部分	评估价格×1/3	评估价格×2/3

针对住宅房屋部分的税基减免。住宅房屋部分的税基是基于单位面积成本来计算的。对于面积满足50~280平方米的普通住宅，可以在评估时对单位面积成本进行打折。

针对住宅房屋部分的税额减免。以东京都为例，新建住宅面积满足50~280平方米的基本要求，可减免3个财政年度的固定资产税，减免金额为小于120平方米部分的应纳税额的1/2。如果是3层以上的防火建筑，减免年度为5年，其他规定一致。此外，如果新建住宅在满足上述条件的基础上，同时达到优质住房的标准，则优质住房的减免年度为 5 年，3 层以上的防火优质建筑减免年度为 7 年。

税收负担的周期平滑措施：税基涨幅上限。日本在过去的几十年间经历了房地产价格暴涨和暴跌的过程。为了不让纳税人承担的固定资产税和城市规划税变化太大，日本政府设计了固定资产税和城市规划税周期平滑的措施，这一措施主要体现在计税依据的调整机制上。

以固定资产税为例。引入了"负担水平"这一指标。举例来讲，2018 年为新的评估基准年，则具体为：

$$负担水平（\%）= 2017 年度计税依据/2018 年度评估价值 \times 100$$

$$(2-1)$$

如果这一"负担水平"超过 100%，意味着计税依据呈现下滑趋势，则使用当年评估价值作为当年的计税依据；如果"负担水平"低于 100%，意味着呈现上涨态势，需要对计税依据按照 5% 的增长幅度设限（以下简称"5% 设限值"）。具体为：

$$5\% 设限值 = 前年度计税依据 +（当年评估价值）\times 5\% \quad (2-2)$$

对于商业用地，如负担水平超过 70%，则调整计税依据，使其降低到法定上限（价格的 70%）；如果负担水平在 60% ~ 70% 之间，则维持前一年度计税依据不变；如果负担水平低于 60%，则按照设限值逐步提高计税价值。

（资料来源：佚名. 日本地方税法 [M]. 吴炳昌，译. 北京：经济科学出版社，1990.

东京都主税局. 都税指南 2020（中文版，令和 2 年度版）[EB/OL]. https://www.tax.metro.tokyo.lg.jp/book/guidebookgaigo/guidebook2020c.pdf.）

📖【案例 2 – 18】

英国议会税针对特定人群和住宅类型的减免措施

按家庭人数和纳税人身份设置的税额减免。英国议会税以家庭为单位征收。家庭是指至少 2 名成年人共同居住在同一房屋内。对于以下情况，则不认为是成年人，包括：18 岁以下；参与任何实习项目；18 岁或 19 岁的全日制学生；25 岁以下，且获得技能基金局（skills funding agency）或青年学习中心（young people's learning agency）资助；学习期间的护士；在英国议会注册的外国语言助教；严重精神疾病患者；与被照料人共同居住的护理人员；外交人员。

根据以上定义，2 名及以上成年人共同居住的情况下，全额缴纳议会税。如果是 1 名成年人独居，则可以享受25%的税额减免。如果家庭全部成员都是全日制学生，可以享受100%免税。

第二套住宅和空置住宅的减免和加税。英国议会税是以"房产是否在使用，以及能否被使用"来判断一宗房地产是否应当征税或享受减免。根据议会税减免的规定，第二套住房或度假屋可以享受50%的议会税减免，空置住房也可以享受50%的税收减免。这一规定的理由是这些房屋并不是全年被使用的，而是一年仅有部分时间在使用。在目前英国住房市场供给不足，投资和投机需求旺盛，大城市房地产价格快速上涨的背景下，这两项减免措施受到很大争议。现行议会税的规定中，地方政府可以根据实际情况来决定是否对空置住房给予减免。同时，地方政府也有权向空置 2 年及以上的住宅征收双倍的议会税。

（资料来源：Local Government Finance Act 1992, Schedule 1［EB/OL］.［2022 – 03 – 01］. https：//www. legislation. gov. uk/ukpga/1992/14/schedule/1A.

Local Government Finance Act 1992, Section 11B［EB/OL］.［2022 – 03 – 01］. https: //www. legislation. gov. uk/ukpga/1992/14/section/11B.)

📖【案例 2 - 19】

中国香港特别行政区差饷的临时性减免及税负控制措施

中国香港特区差饷的理念是通过征收差饷来公平分摊公共服务支出负担。因此，差饷的税基比较广泛，严格控制免税和减免。关于差饷豁免的情况，在前面已经有过介绍。这里重点关注差饷的减免（宽减）。香港地区差饷减免的特点是临时性，用于缓解短期差饷税负增加的压力，以及用于经济困难时期减轻税收负担。

临时性税额增幅上限（"差饷宽减计划"）。1999 年以前，香港地区的差饷并不是每年更新税基。因此，在计税依据更新的年份，特别是住房价格快速上涨的时期，会出现税负大幅增加的情况。这种情况首次出现在 1977 ~ 1978 年度，更新后的税基平均增幅高达 80%。尽管政府相应降低了税率，但税负增幅仍然很大。为此，政府出台了"差饷宽减计划"，规定差饷税额增幅不得超过上一年度的 1/3。此后，港英政府对法律进行修订，引入非经常性"差饷宽减计划"。港英政府可以根据当年的情况，决定是否实施及确定增幅上限的具体数额。20 世纪 80 年代开始，香港经历了一波房地产价格的暴涨，港英政府在 1984 ~ 1985 年度、1991 ~ 1992 年度、1994 ~ 1995 年度、1995 ~ 1996 年度、1997 ~ 1998 年度、1998 ~ 1999 年度，多次运用"差饷宽减计划"对税额增幅进行限制。1999 年后，香港特区政府开始每年更新税基，同时税率也进行下调，因此，至今没有再对税额增幅设置过上限。

临时性退还差饷及税额减免。香港特区政府有权决定对纳税人退还或减免差饷。这一措施主要用于经济困难时期的纾困。这种减免适用于全体纳税人，并设置最高减免额度上限。1998年亚洲金融危机、2003年非典时期，香港特区政府都出台了"差饷减免计划"。2009年全球金融危机前后至今，特区政府每年都有不同额度的减免，用于减轻纳税人负担，提振经济①。

（资料来源：香港特别行政区差饷物业估价署官网中关于历年差饷宽减的专题https：//www.rvd.gov.hk/sc/concession/index.html.）

📖【案例 2 - 20】

美国财产税减免及税负控制措施

美国州和州以下的地方政府在财产税税制设计和征管方面拥有较大的自主权，形成了多元化的财产税制度，减免措施也是非常多样的，几乎涵盖了所有类型。从税收减免的目的上，主要是降低低收入和弱势人群税负，保护基本住房需求，保护特定房地产用途，吸引投资刺激经济等。

对财产税的限制措施。根据林肯土地政策研究院的统计，美国51个州中，36个州有对税率的限制措施，方法是设置税率的上限；37个州有对税额的限制措施，方法为设置税额增幅上限；18个州有对计税评估价值的限制措施，方法是设置评估价值增幅上限；10个州通过限制地方政府财产税总收入或总支出规模来实现对财产税税负的限制；14个州通过增加财产税税制要素调整的法律程序、复杂程度，以及提高公众参与来实现对财产税税负调整限制。从使用各种方法的州的数量来看，大多数州使用不止一种方法。亚利桑那州、科罗拉多州、密歇根州、得克

---

① https：//www.rvd.gov.hk/sc/concession/index.html.

萨斯州使用了 4 种或 5 种税收限制措施。从效果来看，对财产税的限制措施在实现其对税负限制的同时，也影响了财产税收入规模，甚至带来计税价值与市场价值的脱离，导致税负的不公平。

对住宅的减免措施。从美国各州财产税制度来看，都有对住宅设置的减免措施，包括冻结评估值、与纳税人收入挂钩的税负限制（断路器）、税基减免、税额减免和递延纳税。从适用对象来看，各州规定有所不同，主要包括老人、遗属、残疾人、退伍或现役军人、低收入人群、住房所有者、主要居所等。13 个州对符合条件的纳税人实施税基冻结；34 个州有断路器措施；25 个州有对税额的减免；47 个州有对税基的减免；28 个州有递延纳税的制度。

（资料来源：林肯土地政策研究院数据库 . *Significant Features of the Property Tax* [DB]. https：//www.lincolninst.edu/research - data/data - toolkits/significant - features - property - tax/access - property - tax - database/residential - property - tax - relief - programs，Lincoln Institute of Land Policy and George Washington Institute of Public Policy. ）

七、房地产税计税价值评估

31. 什么是房地产税计税价值评估？

房地产税计税价值评估是房地产市场价值评估的一个子类。房地产市场价值评估是一个大的概念，可以根据不同的评估目的和用途进行细分，如交易价值评估、抵押价值评估、房地产计税价值评估等。不同的房地产价值评估目的对应着不同的价值定义。

房地产税计税价值评估用于税收目的，核心目标是为地方公共服务筹集资金，使税收总额在不同的房地产之间，按照其价值相对公平地征收。房地产税计税价值评估不仅需要相对准确地反映评估对象在评估时点的市场价值，更重要的是要确保评估对象各自评估价值之间的比例关系能够正确反映市场情况。与房地产市场价值评估的子类相比，房地产计税价值评估更加注重结果公平和可解释性。

房地产税计税价值评估通常不考虑或只是部分考虑房地产未来用途，或收益情况的变化对房地产现值的影响，这是因为房地产税具有受益性，当年享受公共服务的人需为公共服务付费，即缴纳房地产税，而与房地产未来用途或收益情况无关。

在方法上，房地产税计税价值评估往往采用批量评估的方法。关于批量评估方法及相关技术，参见本书第三部分。

32. 房地产税计税价值评估对价值的定义是什么？

房地产价值评估中，首先要根据评估目的对需要评估的价值进行定义。在不同的价值定义下，评估关键前提和假设、评估方法和参数，以及评估结果都会有所不同。

在采用房地产资产价值计税的国家和地区，房地产税计税价值的依据是"公开市场价值"（英语中可称为 fair market value，fair cash value 等）。公开市场价值的关键前提和假设包括以下关键内容：

➢ 评估时点当天；

➢ 公开市场；

➢ 有正常交易意愿的买卖双方；

> 完全产权（长期租约①）；

> 法律许可用途或实际用途；

> 考虑必要的经济和功能损害。

对于采用年租金价值的国家和地区，其"年租金价值"的关键前提和假设包括以下关键内容：

> 评估时点当天；

> 公开市场；

> 假定租赁，即对于没有出租的房地产假设其出租；

> 在空置条件下连续出租；

> 房主承担维修费用、保险及税收；

> 考虑必要的经济和功能损害。

📖【案例 2–21】

美国关于计税价值的几个相关概念

在前面的内容中提到，尽管很多国家房地产税按照公开市场价值征税，但是由于存在一些对于计税价值的限制，因此，房地产税的计税价值是基于公开市场价值，但又区别于公开市场价值。以美国为例，美国各地方政府房地产税税基限制措施包括：评估比率（将公开市场价值的一定比例作为计税依据）、设置计税价值增幅上限。美国一些州的房地产税评估由市镇一级政府负责，可能造成评估结果的不一致和不可比，因此，这些州的州政府和县政府会对市镇的评估结果进行调整，确保评估结果符合法律要求，也使各地评估结果具有可比

---

① 如英国，完全产权假设指的是 99 年土地租约的情况。

性和一致性。

由于上述限制措施和调整措施的存在，美国财产税征管中也产生了五个相关概念。这里以密歇根州为例来进行说明。

公开市场价值（market value，MV）：房地产在评估日当天，公开市场可实现的价值。

评估价值（assessment value，AV）：密歇根州设置了评估比率。根据其1963年宪法规定，评估价值是公开市场价值的50%。

州均衡价值（state equivalence value，SEV）：密歇根州法律规定，房地产税评估在市镇一级政府进行。在市镇完成评估后，县政府和州政府会对评估结果进行两轮调整，使其符合市场评估价值50%这一规定。因此，经过调整后的评估价值称为州均衡价值。从数字上看，州均衡价值与评估价值有细微差异。

封顶评估价值（capped value，CV）：密歇根州1994年通过法律对房地产税税基增长幅度设定了上限，即每年税基增幅不得超过5%。由此产生封顶评估价值。

计税价值（taxable value，TV）：计算房地产税时采用的税基。密歇根州法律规定，评估价值增幅上限不适用于房屋转让[①]。换句话说，当房屋在持有期内，计税价值受到年增幅上限的限制。一旦房屋发生转让，则当年的计税价值采用当年州均衡价值，而不受增幅上限的限制。这就意味着当房屋转让时，计税价值会有一个较大幅度的提高。之后的持有期内，计税价值继续受到年增幅上限的限制。

---

① 在法律中规定，属于房地产转让的情况包括：房屋买卖、土地合同转让、信托转让、信托分配、信托受益人变更、所有者身故后分配、出租、公司、合伙等。

33. 什么是评估清单？

评估清单（assessment roll）是记录税收辖区内全部房地产评估单元的评估相关信息、评估结果的公共文件。通常，评估清单中的关键信息包括：每个评估单元唯一编号、坐落地点、所属房地产类别、法律描述、产权人信息、纳税人信息等。

评估清单由评估部门制作，提交给税务部门用于征税。评估清单中的价格是房地产的公开市场价格。税务部门会根据评估清单记录的价值来确定最终的计税价值。

34. 什么是初次评估与再评估？

房地产税开征后的第一次评估，称为"初次评估"。对于新建住房，其第一次计税价值评估也称为初次评估。与初次相对应，依据法律规定的评估周期对税基进行更新，称为"再评估"（reassessment, revaluation）。

再评估周期最短为 1 年，多则若干年。也有一些地区并没有规定固定的再评估周期。对于房地产税制度比较成熟的国家，通常每年更新一次评估清单。评估周期内，评估部门会对评估清单进行日常更新，包括新增或改扩建房地产的评估、拆除房地产的删除、错误信息更正等。

对新建房地产的评估——强调税基一致性

对于评估周期较长的国家，两次再评估之间出现的新建房地产，其评估价值的确定就成为一个问题。一种选择是强调评估价值的准确性，即按照该新建房地产成为应税房地产当天的价格进行课税。这种选择可能出现新增房地产的计税价值高于或低于其他存量房地产。另一种选择是强调税基的一致性，即将新建房地产的价值折算回统一的评估时点。从国际经验看，更多的国家采用后一种选择，强调税基的一致性。

以日本为例，固定资产税评估周期为 3 年，即每 3 年更新一次税基。而固定资产税每年都要征收。对于在评估周期内出现的房屋新建、改建等，则需要评估部门单独对其进行评估，纳入评估清单，由税务部门进行征税。这里的计税价值评估需要将房地产的实际价格折算回统一评估时点当天的价值，保持税基的统一性。

再以香港地区为例。香港地区将对再评估周期内新建房产的第一次评估称为"临时估价"。1973 年，香港修订了《差饷条例》，引入"差饷估价册内划一估价水平"这一概念。其理念是把临时估价所得出的应课差饷租值限制在不得高于差饷估价册内同类物业的应课差饷租值以内，目的是实现税收负担的公平分摊。需要注意的是，这里使用的是"不高于"而非"等于"。也就是说，如果差饷估价册生效日期后的市场租金水平上升，则临时估价的应课差饷租值应保持与统一评估时点同类物业相同的水平；如果差饷估价册生效日期后的租金水平下降，临时估价的应课差饷租值则维持临时估价当时的水平，即低于同类物业。

（资料来源：《日本地方税法》第 388 ~ 第 422 条。

香港特别行政区差饷物业估价署. 香港差饷税制：评估、征收及管理（第二版）

［Z］.2013：28.）

35. 限制交易价格或限制租金水平的保障性住房如何评估？

限制交易价格或租金水平的保障性公共住房，在很多国家都有实践。在观念上，普遍有着对保障性住房设置税收减免的倾向，从而体现政府对中低收入家庭住房的支持。不仅如此，这类住房与其他类型住房一样享受同等的地方公共服务，但在资产的收益上受到限制。这类保障性住房如何评估，是否应当考虑对交易价格或租金的限制，就成为一个需要回答的问题。在对这类住房的评估上，国际上有两种截然相反的观点：一种观点认为，应当考虑价格和租金限制对房地产价值带来的贬损；另一种观点则认为，不应当考虑价格和租金限制对房地产价值带来的贬损。

（1）考虑交易价格租金限制带来的价值贬损

在美国，财产税评估中应当如何处理存在交易限制或租金限制的公共住房①，在各个州、甚至各个州内不同地方政府之间，都存在完全不同的看法。从美国实践来看，大量公共住房并非完全由政府开发和建设，而是政府提供补贴或激励措施，由私人机构开发、持有并按照低于市场水平的租金出租给中低收入家庭。美国法律中认为这类住房仍属于私人投资类，因此并没有对其设置完全的税收豁免。不过私人开发的保障性住房也具有公共产品属性，也是住房保障政策目标实现的途径之

---

① 政府提供财政补贴的住房。政府的补贴形式包括：长期低息住房抵押贷款；提供给贷款发放机构的补贴，使其降低住房建设贷款利息；对承租人提供的租金补贴；联邦所得税抵扣。

一，这也影响着各州对这类住房应当适用的评估原则的判断。

在马萨诸塞州高等法院的判决中，对私人租约中设置的对住宅租金的限制及保障性住房租约中对住房租金的限制进行了区分①。对于私人租约对住宅租金的限制条款，在财产税评估中适用与其他房地产相同的评估原则和方法，而不会考虑这种限制对房地产市场价值的影响。但是对于保障性住房租约中的租金限制，高等法院判例认为应当作为例外来处理，理由是如果对这类住房按照与私人出租住房同样的评估方法进行评估，持有这类住房的机构需要支付相较于其获得的实际租金水平更高的财产税税负，从而导致其发生抵押贷款违约。学者的统计，超过 20个州的法律中设置了条款，要求保障性住房财产税评估时参考租金限制②。

📖【案例 2 - 22】

美国"社区土地信托"与财产税评估

"社区土地信托"（community land trust）是产生于 20 世纪 80 年代的一些民间自发行为，2000 年后逐渐得到地方政府的支持，开始在美国广泛发展起来，成为保障住房体系中的重要组成部分。社区土地信托是由非营利的社区机构发起，承诺对信托项目中的土地承担永久的管理权，确保其拥有的土地全部用于保障性住房建设、社区更新等具有慈善属性的项目。社区土地信托的土地不能出售，只能以长期租约的形式（通常为 99 年）进行出租。其上建设的保障性住房则以政府限定的、低

---

①② Youngman J M. A Good Tax：Legal and Policy Issues for The Property Tax in The United States ［M］. Cambridge，MA：Lincoln Institute of Land Policy，2016.

于市场价格水平的价格出售或出租给中低收入家庭。购房者拥有土地使用权和房屋所有权。这种住房可以转售，但是必须出售给同样为中低收入的无房家庭，且对出售价格有限定，例如，只能在购买价格上按照通胀率进行调整。

由于存在政府对交易价格和租金的限制，社区土地信托住房的财产税税基评估是否应当考虑这种限制对房产价值的影响，就成为一个问题。从美国的实践看，越来越多的财产税评估师会考虑价格和租金限制对房地产价值的负面影响。从具体做法上，一些地方政府，如科罗拉多州博尔德县、加利福尼亚州洛杉矶县、马萨诸塞州波士顿市等，社区土地信托住房的财产税税基按照实际购买价格（远低于市场价格水平）进行评估。而在北卡罗来纳州的橙县，社区土地信托住房按照初始购买总价加上 1 万美元进行评估[①]。在佛蒙特州的伯灵顿市，社区土地信托住房的财产税评估价值按照该类房屋真实市场价值下浮37% 来计算。

（资料来源：Davis J E，Jacobus R，Hickey M. Building Better City – CLT Partnerships：A Program Manual for Municipalities and Community Land Trusts ［M］. Lincoln Institute of Land Policy，2008.）

（2）不考虑交易价格限制带来的价值贬损

在对限制交易价格或租金的保障性住房的房地产税评估中，还有一种观点认为不应当考虑对交易价格或租金的限制。理由之一是保障性住房作为政府补贴的对象，当地居民已经通过缴纳各种税收来支持这类项目了，不应在财产税的评估中让整个城市的纳税人再提供更多的税收。此外，针对私人开发商开发、按照低于市场水平的租金进行出租的保障

---

① 地方政府并没有明确为何是增加 1 万美元而不是其他金额的理由及计算公式。

性住房项目，有观点认为私人开发商作为营利性企业，会将保障性住房项目与其他开发项目统筹进行财务规划，从而确保整体盈利。换句话说，私人开发商可以通过提高其他开发项目的价格或租金来弥补保障房项目的低租金。因此，这种观点认为没有必要对这类持有保障房项目的开发商采用特别的评估方法来降低其财产税负担①。

英国议会税遵循着受益税的原则，对于此类住房的评估并没有设置特别的规定。英国议会税的评估规程中规定，对所有住宅按照同样的价值定义和评估方法进行税基评估，并将评估价值进行分档。换句话说，税基评估并不考虑购房时的价格及对住房交易价格的限制。对于以优惠的价格通过政府购房优惠计划（如 Right to Buy 计划）购买的房屋，也要按照同样的价值定义和评估方法进行评估。

📖【案例 2－23】

英国议会税对限制交易价格住宅评估的判例

在英国议会税税基评估原则中，因"租约负担"（rent charge or in-cumbrance）带来的价值影响是不予考虑的。在评估操作中，如果认为住宅交易价格折扣属于"租约负担"，那么评估会按照假设不存在租约负担的情况进行，并不会考虑实际的交易价格。

一个判例是：1994 年，英国评估局针对伯明翰评估法庭的决定向高等法院提出的上诉（An appeal was made to the High Court by the Listing Officer in 1994 against the decision of the Birmingham Valuation Tribunal）。

---

① Youngman J M. A Good Tax：Legal and Policy Issues for The Property Tax in The United States [M]. Cambridge，MA：Lincoln Institute of Land Policy，2016.

内容是，保障性住房协会（sanctuary housing association）拥有的，位于伯明翰萨利公园的 52 套保障性住宅（shelter housing），应当按照租约中规定的再交易价格限制进行评估。其中，在交易价格限定为公开市场价值的 70%。设置这一限制的原因是该住宅项目开发资金中，30% 来自政府拨款。

法律对本案的建议是根据议会税评估相关规定[①]，计税价值是待评估住宅假设出售的价值，而不是占用人（occupier）实际获得的收益。本案中的判例拥有 99 年租约，视同完全产权。因此，不应考虑对交易价格的限制。本案最终以所有当事方和解结束。由此可见，评估部门不能在评估结果中反映价格限制。

（资料来源：Valuation Office Agency. Council Tax Manual，Council Tax：practice notes：The Valuation Office Agency's（VOA）technical manual for assessing domestic property for Council Tax［EB/OL］.（2017 - 5 - 5）［2021 - 1 - 10］. https：//www. gov. uk/guidance/council - tax - manual/council - tax - practice - notes.）

36. 兼用于办公或经营场所的住宅如何评估？——以英国为例

在很多国家，房地产税对住宅都设置一定的优惠。但是在实际中，住宅用于商业用途是很常见的情况。而且随着数字经济的发展，居家办公的情况越来越普遍，这也为住宅与商业用途房地产的界定带来挑战。

在这方面，英国是比较典型的案例。英国对住宅房地产征收议会税，对商业房地产征收商业房地产税，且商业房地产税的税负重于住宅

---

① The Council Tax（Situation and Valuation of Dwellings）Regulation 1992，Regulation 6［EB/OL］.［2021 - 03 - 02］. https：//www. legislation. gov. uk/uksi/1992/550/regulation/6/made.

的议会税。根据英国议会税评估的实践，对于混合用途房屋，需要根据实际情况拆分为居住部分和商用部分，分别课税。房屋用途拆分主要参考依据包括：房屋实际利用方式、是否有用于办公和经营的装修和设施、是否有独立用于办公的电话线等。

📖 【案例 2 – 24】

英国议会税的评估手册中关于混合用途住宅的举例

案例 2 – 24 – 1 自雇律师拥有的独立式住宅，一楼前厅配有沙发、舒适座椅、电视，以及个性化装饰。工作日偶尔用于客户等待室，晚上和周末则为房主自用。房屋前面的餐厅作为办公室，配有电脑、传真机和电话线路、文件柜、书桌和装有法律书籍的架子。当房主拜访客户或出庭时，由兼职秘书使用。一楼厨房用于准备家庭饭菜，也可以为客户沏茶或煮咖啡。一楼的卧室和浴室完全用于家庭目的。

处理方法： 用作办公室的房间要作为非住宅用途部分。前厅主要用于个人休息，不属于非居住用途。

案例 2 – 24 – 2 房屋整体车库改建为办公室，墙壁上贴有石膏、安装电源、吊顶，以及地面进行平整用于铺设地毯。办公室配有独立的电话线。办公室通过房屋走廊进入，所有厕所位于房屋主体内部。占用者声称该房间是家庭在晚上使用的，偶尔在周末使用。白天，占用者在这里设计计算机软件。由于身体残疾，占用者受雇于一家大公司，但在家工作。所有设备均由公司提供，并根据使用者需求定制。占用者偶尔会去公司的办公室。

处理方法： 用作办公室的车库应作为非住宅课税，其余部分按照住宅课税。

案例 2 - 24 - 3 占用者受雇于一家大型建筑公司，工作内容是在英国南部寻找建筑场地。他的住宅作为其工作基地。他每周电话联系公司办公室一次，内容是获取新的安排、开会，之后他出差去完成相应的工作。住宅的餐厅兼用于办公、放置家庭计算机，但没有专用于商务的电话线。占用者每周出差 4 天，住宅不提供给客户或公众参观。

处理方法：整栋房屋视为住宅。

案例 2 - 24 - 4 一名医生每周三天将其一间房间用作咨询室。其主要的外科手术室位于市中心附近约 3 英里①处。对于居住在本地的患者而言，在这套住宅进行咨询更为方便。房屋在前门和大厅门口增加了混凝土坡道，并扩大了诊疗室以容纳轮椅，但医生家中没有人是残疾人。房间中设置有一个检查椅，铺有一次性垫纸。房间中没有办公桌，但有电脑、餐桌和椅子，医生在会诊期间使用它们。家中不保存病人的病例，也没有任何药物。基本的医疗设备在使用后被保存在医生的医疗袋中或存储在抽屉中。该房间已经计划用做手术室，并且前花园的一部分被改造为停车场，可容纳 2~3 辆私家车。诊疗室的墙上贴着医生孩子的绘画作品，房间的角落里有房屋所有者孩子的玩具，但也供儿童患者使用。前门外面有个黄铜标牌标明手术时间。在一周的剩余时间里，医生会在位于另一地点的手术室进行外科手术。除了进行咨询以外，房间通常是闲置的。当朋友来访时，周末可以将其用作备用卧室。在晚上，医生可以在房间里阅读专业论文或观看便携式电视。

处理方法：该房间的主要用途是作为医生的手术室。因此，该房间应当单独作为非住宅课税。其他部分仍作为住宅课税。

案例 2 - 24 - 5 占用者在一家呼叫公司工作，一周 5 天在家远程工作。其中，一间卧室放置公司办公桌、电话控制台、计算机终端和椅

---

① 1 英里≈1.61 千米，此处为原文引用，故不做改动。

子。这些由雇主提供。工作时间灵活，每周至少工作40小时。晚上和周末，该房间用于家庭休闲和娱乐。该房间装有专用电话线，之外没有任何物理改动，也不接受任何客服来访。

处理方法： 该房间没有用于办公的物理改动，主要是放置办公用的可移动设备和家具，设备和家具都是一般家庭常见，且不影响家庭使用房屋的其他部分。因此，认为该房间仍属于住宅。

（资料来源：Valuation Office Agency. Council Tax：Practice notes：The Valuation Office Agency's（VOA）technical manual for assessing domestic property for Council Tax [EB/OL]. （2017 – 5 – 5）[2021 – 1 – 10]. https：//www. gov. uk/guidance/council – tax – manual/council – tax – practice – notes. ）

37. 公有土地使用权年期在房地产税评估中应如何处理？

在采用公有土地出租制度的国家或地区，土地使用权往往设置了年期。例如，英国公有土地使用权年期为99年、999年不等；新加坡的住宅和商业土地使用年期为99年，工业、教育等为30年，农业为20年；中国香港特别行政区在1997年7月1日后出让的土地，使用权年期为50年；以色列，土地使用年期为49年，且通常为连续出租两个使用年期，即98年。

在房地产税计税价值评估中，法律通常将一定年期的租约视为完全产权，典型案例包括英国、日本和美国一些州。这一做法的理念来自房地产税作为地方公共服务成本的分摊方式之一，房地产在当年享受的公共服务与其土地剩余年期无关。一些采用公有土地出租制度的国家或城市的经验表明，在土地使用年期较长且续期成本很低的制度下，土地使用年期对房地产价值影响并不大。中国香港地区解决土地使用年期的方法则是采用年租金价值，回避了土地使用年期这一问题。

八、评估机构

38. 房地产税评估由哪个机构负责?

房地产税评估部门的设立通常遵循"评估与征管相独立"的原则，保证评估的公正客观。从评估部门设置的层级看，房地产税评估更多由市镇一级政府负责，也有一些国家和地区由州/省一级政府负责。由中央或联邦一级税收部门负责房地产税管理的国家较少，承担实际评估职能的国家更少。

(1) 财政部或税务局下设

英国和新加坡的做法是在国家税务局下设房地产税评估部门。英国评估办公室（Valuation Office Agency，VOA）隶属于英国税务与海关总署（HM Revenue & Customs），负责英格兰地区的议会税和商业房地产税的评估。新加坡税务局（Inland Revenue Authority）下设的财产税处负责财产税评估。这两个案例的共同之处是评估部门负责全国的税基评估，地方政府不再设立评估部门。

中国香港特别行政区在财政部门下设差饷物业估价署（Rating Valuation Department，RVD）。差饷物业估价署隶属于财经事务及库务局（财经事务及库务局是负责税收征管的机构）。从1995年开始，差饷的征收职能也由差饷物业估价署承担。因此，香港地区差饷的评估和征收是由同一个机构负责的，目的是为纳税人提供一站式服务。这种做法在全世界是比较少见的。

在法国、意大利等采用登记价值（地籍价值）作为计税依据的国家，地方政府的税务部门与负责地籍登记的部门紧密合作，依据地籍册的信息来确定房地产税的计税依据。因此，这些国家的税务部门负责税基确定，但并没有设立专门的房地产税评估部门。

（2）独立房地产税评估部门：法定机构

典型案例是加拿大不列颠哥伦比亚省评估局（BC Assessment，BCA）和安大略省的财产评估公司（Municipal Property Assessment Corporation，MPAC）。这两家机构都是根据专门的法律设立的"法定机构"，直接隶属于省政府，专门负责全省的财产税税基评估。在省一级设置评估机构，对全省进行统一评估的好处是更容易确保评估结果的一致性。

（3）隶属于市县政府的评估部门

这种做法较为典型的国家是美国。美国财产税评估职责主要由市县一级政府承担。市县政府下设有房地产税评估部门。从隶属部门来看，一些市县的房地产税评估部门由市县政府直接管理，另有一些市县则在财政部门下设立房地产税办公室。无论具体隶属关系如何，共同点是评估独立于税收的征管，确保评估的客观和中立。此外，美国州政府会承担对地方政府评估结果的审核，确保评估方法和结果符合法律要求，保证结果具有一致性。

（4）土地部门或登记部门负责房地产税评估

澳大利亚在州层面征收土地税。以新南威尔士州为例，土地和不动产管理局（Land and Property Management Authority）负责与土地相关的土地等级及所有评估工作。类似地，昆士兰州由自然资源局（Department of Resources）负责土地税的税基评估。

立陶宛房地产税评估由国家登记中心（Centre of Registers）负责。其主要职责包括：房地产地籍与登记管理、建筑物与土地地籍调查、地址登记与管理、房地产批量评估与市场分析、地籍地理信息系统的管理与维护、法人实体的登记与管理、官方信息公布、登记中心的认证中心提供认证服务。

在韩国，地方政府根据国土、基础设施和交通部公布的房地产基准价格来确定当地的财产税计税价值。地方政府只需要在基准价格上附加一个比例，以此作为财产税的计税价值，而不需要对辖区房地产进行评估。

（5）市县政府任命评估师

典型国家是日本和南非。日本固定资产税法规定，固定资产税税基评估的负责人是市町村长，但市町村长可以根据法律规定的任职条件，任命固定资产税评估师和助理评估师。

南非房地产税由各市政府负责评估与征收。其财产税法中规定，每年再评估项目开始之前，市政府必须任命市级评估师负责辖区内的房地产税评估。评估师可以来自政府公务员，也可以来自私人部门。对于从私人部门选聘的评估师，必须公开招募并签订书面合同。因此，南非市级政府并没有专门的机构负责房地产税评估。

房地产税评估中私人部门的作用

房地产税评估中，除了政府设立的评估部门外，私人部门也在数据采集和系统开发等方面发挥了重要作用。比较常见的做法是，评估部门通过购买服务和购买数据等方式，向市场专业机构采购房地产交易数据、遥感影像等。一些地方政府还将批量评估系统开发和维护交给市场中的专业机构完成。

一般来讲，政府的房地产税评估机构承担房地产税评估的最核心工作。但在一些国家，评估部门也将部分评估工作交给市场中的评估师来完成。荷兰的城市政府将约一半的评估业务外包给私人评估公司完成，英国也是如此。俄罗斯的房地产价值评估工作则主要依靠私人公司完成。

（资料来源：Richard Almy. A Global Compendium and Meta－Analysis of Property Tax Systems［Z］. Lincoln Institute of Land Policy，Working Paper：WP14RA1，June 2014：73.）

📖【案例 2－25】

加拿大不列颠哥伦比亚省评估局：省级法定机构

在加拿大不列颠哥伦比亚省，房地产税的评估与征管由省评估局（BCA）负责。省评估局成立于1974年，主要职责是基于课税需要对全省所有房产进行公平且独立的评估。目前评估局有员工650名，其中，注册评估师450人，在全省设有17个办公室。

省评估局是省级皇家公司，独立于税务机关之外，机构建立所依据的法律主要是《评估机构法案》（BC Assessment Authority Act）。《评估机构法案》中规定省评估局的职责包括：

- 建立一套完整的房地产税评估体系，并负责体系的管理；

- 根据实际情况对本省进行合理的评估分区划分；

- 建立一套对评估师及与房地产税评估相关人员进行教育、培训的计划安排；

- 细化并保证对评估师及与房地产税评估相关人员进行教育、培训的计划标准，以及实施方式；

- 必要时，可以授权评估局工作人员提供《评估机构法案》规定以外的服务，并收取服务费用；

- 确保公众对于本省房地产税评估流程的知情权；

- 为评估局职能的充分实现而产生的其他职责或根据其他法律或省议会副议长的要求履行的职责。

省评估局的董事会由政府任命，包括一位主席和一位首席执行官（CEO）。

在与政府的关系上，省评估局法定机构的地位决定了其与政府之间的关系是相对独立但又不是完全脱离的。省评估局由独立的理事会进行管理。理事会共11人，包括1名主席和1名CEO。理事会的职责是管理与监督评估局的各项事务，并作为评估局法定代表履行评估局的责任和义务。从这个角度来讲，省评估局是独立于政府部门的一个机构，保证了评估过程和结果的客观公正。同时，省评估局也受到省议会的管理。《评估机构法案》中规定，省议会副议长负责评估局理事会和理事会主席的任命。

省评估局的日常运转经费来自财产税收入。每年省评估局会根据自身的预算确定一个专门的财产税税率，专门用于评估局的运营。各市政府或相关部门的部长根据《财政管理法案》的规定将相应的税收收入划至省评估局。此外，省评估局也通过在市场上出售一些非涉密数据和提供评估服务来取得收入。虽然法律允许省评估局向其他机构提供收费的服务，但是实际中这部分的收入只是省评估局全部收入中很小的一部分。

（资料来源：不列颠哥伦比亚省评估局官网 https：//www. bcassessment. ca.）

📖【案例 2 - 26】

英国评估局：中央政府设置的评估部门

在英国，税务与海关总署（HM Revenue & Customs）的下属部门评估局（VOA）是专门负责英格兰和威尔士地区商业房地产税（business rates）和议会税（council tax）评估的政府部门。评估局在全英国共有 85 个办公室、4300 名公务员，负责各地区不动产税的评估工作。

评估局的主要职责包括：

• 建立与维护英格兰、威尔士地区差饷和市政税评估清单。苏格兰地区差饷和市政税评估清单由苏格兰评估局负责。

• 以税务与海关总署的税收征管为目的，评估英格兰、威尔士和苏格兰地区的全部不动产。

• 为英格兰、威尔士和苏格兰地区提供法律规定内或法律规定外的房地产评估服务。

• 向相关部门部长提供与房地产评估相关的政策建议。

（资料来源：英国评估局官网 https：//www. gov. uk/government/organisations/valu-ation - office - agency.）

📖【案例 2-27】

中国香港特别行政区差饷物业估价署：
同时承担评估和征收业务

中国香港特别行政区差饷物业估价署（RVD），简称差饷署，隶属于财政司财经事务及库务局，与税务局（库务局）平级。差饷署工作人员 800 余人，负责全香港地区 250 余万宗物业的估价。

差饷署的职责包括：

- 房产物业的差饷及地租估价；
- 提供差饷及地租的账目与发单服务；
- 向特区政府决策局/部门提供房产物业估价服务；
- 向特区政府决策局/部门、公共机构及私营机构提供房产物业资讯；
- 签发申请住宅物业租赁相关证书；
- 就住宅物业的租务事宜，向市民提供咨询及调解服务。

（资料来源：差饷物业估价署官网 https：//www. rvd. gov. hk/sc/index. html？pop-up. ）

📖【案例 2-28】

立陶宛国家登记中心：与政府全部基础信息管理进行整合

立陶宛国家登记中心（State Enterprise Centre of Registers，SECR）成立于 1997 年，是中央政府设立的国家企业，隶属于立陶宛经济和创新部。国家登记中心是全部政府信息的收集和管理者。该中心建有房地产登记信息系统，该系统是一个覆盖所有房地产类型的独立数据库，整合土地登记和房屋登记的数据，并与地理信息系统结合，以地理空间为基础储存地籍数据。房地产登记信息系统与其他基础信息相连，包括人口信息、法人实体信息、地址信息、抵押贷款信息、文物保护信息、林地信息，以及自然保护信息。

该中心向地方税务管理部门提供房地产税评估与管理的必要信息，并且根据纳税人的请求，免费提供计算房地产计税价值的数据摘要。该中心的批量评估结果会在其网站上公布，纳税人可以输入房地产唯一的编号进行查询。

（资料来源：立陶宛国家登记中心官网 https：//www. registrucentras. lt/en/. ）

九、争议处理

39. 房地产税争议处理流程如何？

房地产税征管中，纳税人可能对评估结果、税额确定中适用的相关政策等内容提出异议。因此，很多国家都建立了房地产税争议解决机制。

在房地产税比较成熟的国家，争议解决机制通常分为三个层次。第一层是向房地产税评估机构提出争议解决申请。通常情况下，纳税人以非正式询问的方式向评估机构提出申请，由评估机构向纳税人进行解释说明。第二层是向专门负责房地产税争议处理的机构提出争议解决申请。这类申请通常是正式的申诉，由专门的争议处理小组负责。在美国、加拿大等国，争议申请的处理通常采用听证会的方式，纳税人和评估机构各自举证。第三层是向法院提出诉讼。通常情况下，向法庭提出的诉讼与具体法律条文的规定有关，不得针对评估中的数据、公式等提出诉讼。

除争议处理体系外，"申诉不得影响税款的缴纳"也是各国通行的原则。经过复核，如果确实需要更改评估价值或税额，税务机关在争议处理完毕后，会向纳税人进行相应的税款退还或补缴等处理。

📖【案例 2－29】

加拿大不列颠哥伦比亚省房地产税争议处理流程

房地产税评估争议解决体系比较典型的案例是加拿大不列颠哥伦比亚省。该省财产税争议解决可分为四个层次。

第一，非正式申诉。当纳税人对评估结果有异议时，首先可以向评估机构提出非正式的争议解决申请。评估部门收到非正式申诉后，会及时向纳税人进行解释说明。实践中，大部分的争议在这一阶段可以解决。

第二，向评估审核小组（Property Assessment Review Panels，PARP）提出正式申诉。如果纳税人对评估部门的解释仍然不满意，可以向评估审核小组提出正式申诉。评估审核小组主要负责某一辖区的争议处理。评估审核小组会组织专门的听证会对争议案件进行听证，并做出处理意见。

第三，如果纳税人对评估审核小组的处理意见仍有异议，可以向更高一级的评估审核委员会（Property Assessment Appeal Board，PAAB）提出进一步申诉。评估审核委员会负责全省的争议处理。具体的处理方法仍然是听证会的形式，并作出处理意见。对于评估数据和方法，评估审核委员会的意见为最终意见。

第四，向加拿大不列颠哥伦比亚省高级法院（BC Supreme Court）提出上诉。对评估审核委员会的处理意见仍然有异议的纳税人，可以向法院提出诉讼。法律规定这一阶段只可以针对法律中具体条款的适用，而不得对评估方法及数据的准确性等提出质疑。例如，加拿大不列颠哥伦比亚省《评估法案》将房地产按用途分为不同的类型，分别适用不同的税率。在法院上诉阶段，纳税人只能针对房地产应依法划归哪一类型提起诉讼。法院并不受理有关评估中的数据和评估方法的争议。

（资料来源：不列颠哥伦比亚省评估局网站 https：//info. bcassessment. ca/Serv-ices－products/appeals/about－appeals.）

十、征收与缴纳

40. 房地产税有哪些缴税方式？

各国为方便纳税人，会提供多种纳税方法，包括柜台缴纳、银行转账、网上缴纳等方式。在美国，对住房抵押贷款还款期中的纳税人，可以在银行开设专门的账户，由银行代缴房地产税。

41. 房地产税可以分期缴纳吗？

房地产税是按年征收，最常见的做法是一些国家和地区为了减轻一次性缴纳对纳税人现金流的压力，设置了分期缴纳，如一年两次（按半年），一年四次（按季）或按月缴纳。有学者研究表明，分期缴纳更有利于提高房地产税的征收效果①。

42. 房地产税的评估通知单与纳税通知单是什么？

（1）评估通知单

评估完成后，房地产税评估部门会将评估结果以"评估通知单"的形式发放给纳税人。除了告知评估结果外，在"评估通知单"上还会提供一些评估所使用的关键信息。例如，在对房地产按照不同类型分别设置税率的国家或地区，"评估通知单"上会注明房地产所属的分类；对于房屋和土地分别评估的国家，"评估通知单"上会告知土地和房屋分别的价值；对于在市场评估价值基础上适用评估比率或定额税基减免的，"评估通知单"上也会分别提供适用前后的价值作为对比。此外，"评估通知单"中还会注明争议处理的流程和时间表及评估结果公开查询的方法。这样做的目的是为了向纳税人提供尽可能多的信息，便于纳税人核对和提出争议。

（2）纳税通知单

税务部门会在评估部门提供的评估清单基础上，适用相关减免规定、计算税额，并向纳税人发放"纳税通知单"。"纳税通知单"上会注明适用的评估价值、税率，以及减免政策。从国际经验看，税务部门向纳税人提供的信息越详细、越透明，纳税人越可能了解和认可整个评

---

① Adam H Langley. Improving the Property Tax by Expanding Options for Monthly Payments［Z］. Lincoln Institute of Land Policy，Working Paper：WP18AL1. January 2018.

估和计税过程，从而减少因为不清楚税收计算方法而带来的争议。此外，"税收通知单"上还会详细列出税款缴纳的时间、渠道、争议处理流程等。随着互联网技术的普及，税务部门发放纸质"税收通知单"的同时，也越来越多地采用"电子税收通知单"。

43. 房地产税评估结果可以公开查询吗？

在房地产税制度比较成熟的国家和地区，评估部门通常会将评估结果在网站或专门的地方进行公示。有一些地方政府则是在规定的时段内，向纳税人提供公开查询服务，纳税人可以在规定的时间内对评估结果提出异议。还有一些地方政府提供常年的评估结果查询。为了保护隐私，评估部门往往只公布房地产地址和评估结果，纳税人可以用自己的账号登录后查看自己房地产的详细信息。公开评估结果的好处在于，财产税评估价值成为房地产市场交易中重要的价格参考，公开的评估价值查询平台也发挥了公共信息发布的功能。

从国际经验看，房地产税评估结果作为一种政府公共信息，公开查询是全球的趋势。一方面，使评估全过程更为透明，便于纳税人的监督；另一方面，通过比对自己房屋与相邻房屋的评估结果，纳税人也可以对评估结果的准确性有所判断，有助于减少争议。

📖【专栏 2－6】

一些房地产税计税评估价值公开查询平台

● 美国波士顿市评估价值查询平台（无须注册）：

http：//app01. cityofboston. gov/ParcelViewer/？pid＝0504203000.

● 加拿大 BC 省评估局评估价值查询平台（需注册，纳税人可以查询自己房产的详细信息）：

https：//www. bcassessment. ca/Property/Mapsearchbcarcgis. maps. arcgis. com.

● 英国评估局公开查询平台（无须注册）：

https：//www. gov. uk/council－tax－bands.

● 日本全国土地价值查询网站（无须注册）：

https：//www. chikamap. jp/chikamap/Map.

● 中国香港特别行政区差饷署差饷估值查询（有公示期，非公示期查询需要付费）：

https：//www. rvd. gov. hk/tc/public_inspection/index. html.

十一、欠税处置与强制执行

44. 房地产税发生欠税如何处置？

在房地产税制度相对完善的国家都建立了一整套欠税处置的程序。对于拒不缴纳税款的纳税人，政府往往先对欠缴部分征收滞纳金和利息。如果仍不缴纳欠税，则采取强制性的惩罚措施，如冻结、拍卖财产等，以形成较强的威慑作用。

强制执行制度适用的应该是极少数欠税的纳税人。对于绝大多数纳税人，则应该通过建立公平、透明、便捷的征管制度、公共宣传等方式培养其纳税意识，鼓励主动遵从。如果强制执行面扩大，则可能产生严重的社会问题。如何权衡上述问题，需要根据各国（地区）的实际情况加以裁量。在实践中，各国（地区）所采取的强制执行力度差别也很大。

📖【案例 2 - 30】

英国议会税欠税处置与强制执行：与工资和补贴联动

英国对于拒不缴纳议会税的纳税人，法院会向其发送"纳税责任令"，并要求纳税人提供有关工作和收入的信息，以便于追讨欠款。法院追讨欠款的主要方法包括以下几种。

第一，将欠款偿还与工资挂钩。法院会要求欠缴税款纳税人的雇主在其工资中扣除一部分直接用于支付欠款，并且雇主有权额外扣除 1 英镑用于税款缴纳手续费补偿。

第二，如果纳税人享受求职者优惠、收入补贴或者补偿优惠，法院可以要求减少其相应的优惠和补贴额度，用于欠款的偿还。

第三，强制执行，即法院雇用警察协助执行欠款追讨。强制执行中的相关费用在法律中有明确规定，并且由被执行人负担。

英国的强制执行包括三种方法。一是冻结财产，被执行人在补缴全部欠款之前不能转移任何财产；二是看管财产或拍卖；三是没收财产进行拍卖。

对于支付税额有困难的纳税人，可以向当地议会提出减税申请。地方议会也可以通过修改纳税时间安排的方式帮助纳税人足额缴纳税款。

（资料来源：英国政府网站 www. gov. uk/council - tax. ）

📖【案例 2 – 31】

中国香港特别行政区差饷欠税处置与强制执行：限制转让

中国香港地区在展开追讨欠缴差饷的法律行动前，差饷物业估价署会先向缴纳人发出警告信，要求及时清缴欠款。如果差饷在最后缴款日期仍未清缴，差饷物业估价署可在差饷额上加征5%的附加费。若在原来缴款期限起6个月内仍未清缴，则再加征总数10%的附加费。

若在法院颁布裁决后仍未清缴欠款，差饷物业估价署署长最终可向法院申请楼宇押记令（俗称"钉契"），禁止该物业在押记令取消前转让。不过，差饷物业估价署署长和任何公职人员均无权收回有关物业以追收差饷，《差饷条例》中也没有更严厉的规定迫令其清缴欠款。

（资料来源：香港差饷物业估价署. 香港差饷税制：评估、征收及管理（第二版）[Z] . 2013.）

📖【案例 2 – 32】

美国财产税欠税处置与强制执行：税收留置权

在美国，欠税处置通常可以划分为三个阶段。第一阶段，对欠税部分征收利息和滞纳金。第二阶段，对欠税房地产设置"税收留置权①"（tax lien）。第三阶段，欠税房地产丧失赎回权（止赎），政府对其进行拍卖，所得优先用于偿还欠税（见图2 – 5）。

---

① 税收留置权的解释详见本书"专栏：留置权"。

第一阶段	第二阶段	第三阶段
• 管理费或滞纳金 • 利息	• 附带税收留置权 • 管理费或滞纳金 • 利息	• 丧失赎回权 • 拍卖

图 2 - 5 欠税处理体系的框架

以密歇根州为例，密歇根州的房地产税欠税处置流程为 3 年。当未交房地产税满 1 年时，视为欠税，根据法律对欠税部分征收 4% 的管理费和 1% 的月利息（12% 的年利息）。当欠税满 2 年时，该地块被县政府没收（forfeit）并附带税收留置权。此时，欠税的月利息增加到 1.5%（18% 的年利息）。当欠税满 3 年时，法院判定进入欠税处置阶段。如果纳税人仍然无法缴纳欠税及利息，则丧失赎回权（止赎）。

欠税的房地产由法院拍卖或交给土地银行（land bank）。土地银行是一类政府成立的非营利机构，法律规定其可以获得任何止赎房地产的所有权。土地银行根据房地产市场供求状况来决定将止赎房屋进行拍卖或者拆除恢复为绿地。

（资料来源：美国密歇根州财政局网站 https：//www. michigan. gov/taxes/0，4676，7 - 238 - 43535_55601 --- ，00. html. ）

十二、数据共享

45. 房地产税评估和征管所需数据可能来自哪些部门和机构？如何实现数据共享？

房地产税的评估和征管中涉及很多信息。这些信息往往分散在不同的机构中，有政府部门，如不动产登记部门、土地部门、建筑管理部门、税务、审计等部门；也有非政府部门，如不动产交易中介公司、银行等。实践上，房地产税制度比较成熟的国家和地区都形成了一套政府部门与市场机构、政府部门之间的信息共享机制（见图2-6）。

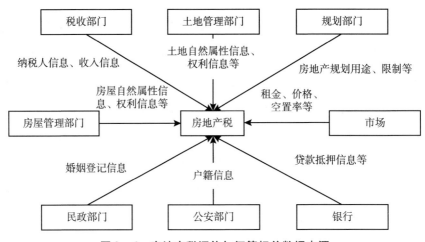

图2-6 房地产税评估与征管相关数据来源

资料来源：笔者绘制。

（1）法律中明确数据获取的权力和数据分享的义务

在房地产税制度比较成熟的国家和地区，法律中通常明确政府部门有分享公共数据的义务，并且赋予房地产税评估部门获取相关数据的权力。在房地产税相关法律中，也会明确规定纳税人及相关人和机构有提供评估和税收相关信息的义务，同时，明确评估部门有获取评估信息的权力。例如，加拿大不列颠哥伦比亚省在其《评估法案》第13～第17条中明确赋予该省评估局收集房地产税评估相关数据的权力。具体来看，省评估局主要从以下渠道获得所需的有关数据，如从地方政府获取建筑许可证和建筑平面图等信息；从土地产权与测量局、房地产协会及抵押贷款住房公司获取房地产交易数据；从房地产复议申诉等机构获取房屋重新评估情况。此外，还通过纳税人自主填写的申报表了解住房状况、纳税人家庭收入支出及房屋交易情况等信息。

在英国，评估局（VOA）与地方政府税收部门依据《地方政府财政法案》（Local Government Finance Act 1988）第 63A 款①的规定，签订数据共享协议。评估局会定期向地方税收部门提供纳税人相关信息。

📖【专栏 2 - 7】

纳税人自行申报

房地产税评估部门的数据除了来自实地勘察的采集、部门间数据共享，以及购买第三方数据，纳税人自行申报也是一种重要的数据获取途径。纳税人对于自己的房屋最为了解，因此，自行申报可以提供更为全面的信息。但由于纳税人并不是评估专业人员，因此，其自行申报的信息通常作为评估部门的数据参考。

以加拿大不列颠哥伦比亚省为例，评估局每年会向纳税人（所有者）发放"自行申报表"。自行申报表包括纸质和在线两种，纳税人可以选择一种填报方式进行申报。为了便于填写，申报表中会包括常见的答案选项，供纳税人选择。

自行申报表的电子版可以在 BC 省评估局网站上获得，网址如下：

https：//info. bcassessment. ca/forms/Pages/Residential – Questionnaires. aspx.

---

① Section 63A of the Local Government Finance Act 1988（LGFA 1988），As Amended by The Enterprise Act 2016："An Officer of The Valuation Office of Her Majesty's Revenue and Customs may Disclose Revenue and Customs information to A Qualifying Person for A Qualifying Purpose".

（2） 建立信息共享机构或平台

为了数据共享的便利，一些国家或地方政府建立了信息共享机构或平台，整合相关机构和部门的数据，为政府、企业和民众提供数据服务。对于由政府设立的信息共享机构，往往有法律赋予的获取数据的权力。而也有一些情况是政府部门间自发形成的数据共享平台，这种模式下，数据共享依赖于成员之间的合作，通过向成员机构提供更好的数据服务来获得成员的长期支持。

📖【案例 2 - 33】

加拿大不列颠哥伦比亚省部门间数据共享

土地登记部门与评估部门的数据共享。加拿大不列颠哥伦比亚省在 2005 年成立了省土地产权与调查局（BC Land Title and Survey Authority）。土地产权与调查局是一个法定机构，负责管理本省土地产权和房产调查，其土地产权和房屋信息是财产税评估的重要数据来源。土地产权与调查局与省评估局之间建立了定期信息交换机制。对于产权信息，土地产权与调查局每天以电子数据方式传输给省评估局，确保评估局能够实时掌握最新产权信息。对于房屋调查数据，则每周向评估局提供。

地理信息共享平台。加拿大不列颠哥伦比亚省在 2001 年成立了综合地籍信息协会（Integrated Cadastral Information Society，ICIS）。综合地籍信息协会是一个非官方的协会，其资助方包括：省政府、省评估局、土地产权与调查局、省内的基础设施公司等。

综合地籍信息协会主要任务是以空间数据为基础，整合地籍、房产、地址、航片等相关信息，为政府、企业、居民提供一站式的地理信息服务。

（资料来源：不列颠哥伦比亚省土地产权与调查局 https：//ltsa. ca.

不列颠哥伦比亚省综合地籍信息协会 https：//www. icisociety. ca.）

📖【案例 2 – 34】

立陶宛国家登记中心

立陶宛国家登记中心是全部政府信息的收集和管理者，有利于数据的整合。主要功能包括：执行各类国家登记，如不动产登记、人口登记、法律实体登记、地址登记、抵押贷款登记、婚姻登记等；开发和管理相应信息系统；维护国家不动产电子地籍图和实施地籍调查；房地产价值批量评估、房地产市场研究、制作评估价值地图；提供统计数据、官方信息等。

（资料来源：立陶宛国家登记中心 https：//www. registrucentras. lt/en/.）

46. 房地产税数据的公开和共享有哪些新技术?

随着技术的发展，房地产税相关数据的公开和共享方式也在不断改进。信息系统、地理信息系统（GIS）、3D 技术等在一些国家和地区都已经运用到房地产税评估和征管中。

通过地理信息系统，各类信息可以按照地理位置进行整合，使数据更为直观和清晰，并且可以基于空间分析从而发现更多的信息。新的登记信息、交易信息、建筑许可信息会自动共享给评估部门。评估部门可以及时对新建或改建的建筑进行评估，从而提高工作效率。

47. 房地产税评估信息有哪些用途？

房地产税评估信息除了用于房地产税，也可以为个人所得税、遗产税、房地产交易税等其他税收提供房屋价值参考。作为官方的信息，房地产税评估信息对促进房地产交易相关信息的透明有着重要作用。在一些国家，房屋买卖双方会将政府公开的房地产税相关信息，如房屋特征信息、法律状况信息，以及计税价值评估结果作为重要参考，有助于对房地产价格形成合理预期，有利于交易的达成。

十三、职责划分

48. 房地产税立法和征管相关职责的划分有什么原则？

房地产税的管理权可以概括为四个方面：税收立法权、税收评估权、税收征管权，以及税率制定权。表 2 – 9 中对世界主要国家房地产税管辖权的设置进行了整理。

房地产税管理权的划分与国家财政体制密切相关。财政分权程度较高的国家，地方政府往往拥有更多的税收管理权限。相反，财政分权程度较低的国家，中央政府拥有更多的税收管理权限。

房地产税管辖权还与管理成本密切相关。作为地方税收，地方政府负责评估和征管，更有利于降低信息获取成本和执行成本。但地方政府

表 2 – 9   部分国家不动产税立法、执法等主要法律权限的划分

国家	立法权	税基评估	税收征管	税率制定
澳大利亚（因州而异）	R	R	L（地方财产税）	L（地方财产税）
			R（土地税）	R（土地税）
	R	R	R	R
加拿大	R	R 或 L	R 或 L	R 或 L
智利	C	C	C、R 和银行	C
丹麦	C	C 和 L	L	C 和 L
爱沙尼亚	C	C	L	C 和 L
法国	C	C	C	C 和 L
德国	C	R	R 或 L	C 和 L
印度尼西亚	C	C	C、L 和银行	C
以色列（仅特拉维夫）	C	L	L	L
日本	C	R 和 L	L	C 和 L
拉脱维亚	C	C	L	C
立陶宛	C	C	C	C
荷兰	C 和 L	L	L	L
韩国	C	L	R 和 L	C
俄罗斯	C	C 和 L	C 和 L	C 和 L
瑞典	C	C	C	C
瑞士（因郡而异）	R	R 和/或 L	R 和/或 L	R 和/或 L
英国	C	R 或 L	L	C（商业房地产税）、L（议会税）
美国（因州而异）	R	R 和 L	R 和 L	R 和 L

注：（1）根据美国林肯基金会和 OECD 财政事务部对有关国家不动产税制度的调研情况。

（2）C 代表中央或联邦政府；R 代表地区性政府（一般指州、省、郡）；L 代表地方政府（一般指乡、市、区）。

资料来源：Youngman J M, Malme J H. An International Survey of Taxes on Land and Buildings [M]. Lincoln Institute of Land Policy. Boston：Kluwer. 1994.

负责评估也有可能造成评估结果的不一致，或者因为专业人员欠缺而造成评估结果质量较差，反而增加了征管成本。因此，管辖权的设置取决

于"成本和收益"的平衡。

49. 立法权在不同层级政府间的划分有几种模式?

立法权方面，大多数国家都是中央或联邦层面统一立法。在法律中明确地方政府可以获得哪些自主权力。美国、加拿大、澳大利亚等国家，地方立法责任主要设置在州、省一级，因此，房地产税税法也是由州、省来负责制定。

50. 税率制定权在不同层级政府间的划分有几种模式?

税率制定权是除立法权外最重要的权力，体现了地方政府在多大程度上拥有房地产税的自主权。在税率制定权限方面，主要分为三类。

第一类是由中央政府或省一级政府负责制定具体税率，如澳大利亚（土地税）、智利、印度尼西亚、瑞典、英国、泰国、突尼斯等国家。

第二类是中央政府负责制定税率的上限或者税收增长的幅度限制，各地方政府根据中央政府的规定制定各自的税率，如丹麦、法国、日本、荷兰、瑞士、匈牙利、哥伦比亚、菲律宾等国家。

第三类是地方政府享有确定税率的权力，根据自身的预算确定财产税的税率，如美国大部分州、澳大利亚（市镇政府的房地产税）、加拿大、阿根廷、肯尼亚等国家。例如，在美国，税率的确定遵循"以支定收"原则。地方政府先做出下一年度财政预算，按照所需财政收入计算出财产税税率。

51. 税基评估职责在不同层级政府间的划分有几种模式?

(1) 市县政府评估

在财产税制度比较成熟的国家和地区,通常的做法是由地方政府负责财产税税基的评估。这样做的好处在于,市县政府能够更好地了解本地区房地产市场,能够更准确地得到评估价值。

市县评估也有其缺点,如对专业人员的素质和人数要求较高、各城市自行组织评估可能造成评估结果的不可比。因此,由市县负责税基评估的国家、省或州政府往往承担评估结果审核职能,而且也有适用于全省(州)甚至全国的评估准则。

(2) 省或州政府评估

一些国家在省、州、地区层面进行税基评估,如美国马里兰州、加拿大不列颠哥伦比亚省和安大略省、澳大利亚[①]等。省和州负责税基评估更容易保证评估过程的规范和评估结果的一致性。随着评估技术和数据收集技术的进步,省州一级政府往往更有财力开发批量评估系统,也能更好地发挥系统的规模优势。

(3) 中央政府评估

在一些国家和地区,房地产税税基评估由中央政府统一负责。例如,英国、瑞典、立陶宛、新加坡等。这些国家具有一些共同的特点,如国土面积比较小或者集权程度比较高,中央政府统一进行评估可以保

---

① 澳大利亚在州层面对土地所有者征收土地税。土地税由州政府进行税基评估。

证评估的准确性和效率。而像东欧转型国家集权程度比较高，评估工作由中央政府统一负责。甚至在一些非洲国家，财产税由中央政府统一征收再分配给各地方政府。

52. 征收职责在不同层级政府间如何划分

（1）市县政府负责

国际经验中，绝大部分国家是由地方政府负责本地区房地产税的征收。在由地方政府负责房地产税征收的国家，通常是评估部门向地方政府或地方议会提供纳税人应纳税款的清单，由地方政府或议会所任命的税收官负责房地产税的征收。这样的做法与房地产税作为地方税的性质相适应。

随着科技的进步，房地产税征收的成本也在逐步降低。在越来越多的国家和地区，纳税人可以采用银行转账、汇款等方式将应缴纳的房地产税划入政府制定的账户中，大大减少了地方政府房地产税征收管理的人力成本。

（2）中央政府负责

对于发达国家，只有少部分国家是由中央政府统一征收房地产税，如法国、新加坡等。其中，新加坡因为国土面积小，因此并没有中央政府和地方政府的划分。法国税务局则是负责所有税收的征收，地方政府并不承担税收征收的责任。此外，在非洲和亚洲一些欠发达国家，也在中央政府层面统一征收房地产税。

第三部分

房地产税批量评估与计算机辅助批量评估系统

53. 什么是房地产税批量评估（mass appraisal）？与一般理解的房地产评估有什么异同？

在房地产税税基评估做法上，越来越多的国家和地区开始采用批量评估的方法。根据国际估价官协会（International Association of Assessing Officers，IAAO）的定义[1]，批量评估指在规定的评估时点，使用标准程序和统计学方法对一组房地产进行的系统性评估，以得到其市场价值。与之相对的概念是个案评估（single-property appraisal/fee appraisal），是对给定日期的单宗特定的房地产进行评估。

与传统意义上的个案评估不同，批量评估要对一定范围内，具有相同特征的一组房地产建立统一的模型，反映市场供求对这一组房地产的影响。批量评估中的修正也是针对一组房地产的，而不是针对某一特定房地产的。评估师要对不同用途、不同建筑类型、不同区位的房地产进行分组，建立各自的评估模型，并对各组之间进行标准化的调整。与批量评估不同，个案评估要求评估师根据市场分析结果，使用一个或多个评估模型对"某一宗"房地产进行评估，并向客户提供估价报告。

在质量控制方面，批量评估和个案评估有着根本的差异。个案评估关注的是每个单独的房地产，评估结果的可靠性主要依据研究和分析的深入程度，以及与可比交易实例价值的对比。而批量评估，使用统计学方法来计算评估的准确性和一致性。在服务的对象上，个案评估的评估师只需要让某一客户满意，而批量评估中评估师则需要使全体纳税人感

---

[1] Eckert Ph D，Robert J Gloudemans，Richard R Almy. Property Appraisal and Assessment Administration [M]. International Association of Assessing Officers，1990.

到公平，并且要按照法律规定获得税收部门的认可。

从事房地产税评估的评估师必须同时掌握批量评估和个案评估两种方法，在计算初始评估结果及易于使用批量评估的情况下，能够熟练使用批量评估技术进行评估。而对于无法使用批量评估的房地产及对某些房地产进行检核时，评估师必须能够使用个案评估方法确定其价值。

（资料来源：刘威，Michael Lomax. 房地产税批量评估技术国际经验报告［R］.北大－林肯中心内部报告，2012.）

📖 【专栏 3 –1】

批量评估方法的起源

为了使房地产税收评估结果更加具有一致性和统一性，学者和评估师们开发了批量评估方法。根据约瑟夫·西尔维赫兹（Joseph Silverherz，1936）的研究，威廉·A. 索默（Somer）对明尼苏达州圣保罗市全部房地产的再评估项目，标志着科学的批量评估法的诞生。俄亥俄州克利夫兰市崔亚乎戈（Cuyahuga）县的税收评估师约翰·A. 詹格勒（Zangerle）在20世纪20年代写道：

"对于每个服务于公众的评估师来说，首先要解决的问题就是评估到底是基于一致的基础还是基于每个评估对象采用单独的基础。评估师在评估中可能会遇到互相冲突的信息，然后评估师会采纳其中稳妥、谨慎、居中的价值作为评估结果。或者评估师会按照传统的做法，基于房地产交易价值进行评估，而不考虑实际的价值……

无论从何种角度来说，采用统一的评估基础进行评估，同时，尽量消除评估特例是非常必要的。对于评估师来说，没有任何事情比评估中的统一性更为宝贵，因为这是减少争议的最佳办法。另外，从公众角度来看，革命、反抗等行为往往因为税收体制让他们感受到歧视和不公平。对于贸易商、制造商和房地产所有者来说，他们最期望获得的是其房地产在邻里中获得公平的评估，而最不愿意看到的是评估中对于某些人有特殊的处理方式。试想，如果一个交易商的房地产按其市场价值的90%计税，即获得10%的税基扣除，而其竞争者获得20%的税基扣除，会带来什么结果？"

詹格勒还总结了土地评估的发展进度、成本和折旧表格，以及其他可以帮助评估师提高评估统一性的评估工具。他强调，评估工作要基于对当地市场的深入研究，并及时更新。

（资料来源：Eckert Ph D，Robert J Gloudemans，Richard R Almy. Property Appraisal and Assessment Administration ［M］. International Association of Assessing Officers，1990. ）

54. 房地产税批量评估有哪些基本模型？分别适用于哪类房地产？

（1）市场比较法模型

市场比较法是房地产价值评估的经典方法之一，是依据可比交易实例来确定待估房地产价值的方法。在实际市场环境中，由于房地产之间不可能完全相同，因此，需要评估师按照一定的标准对可比交易实例进行修正。市场比较法主要适用于房地产市场活跃、交易频繁的房地产类型。单家庭住宅（single-family house）、高层住宅、空地，以及部分商业房地产或混合用途房地产通常使用市场比较法进行评估。

市场比较法在操作中可以分为两个步骤：第一步，确定可比交易案例，并使用数学方法量化待估房地产与可比交易实例间的差异；第二步，使用统计学方法，确定待估房地产与可比交易实例之间需要哪些修正，以及修正值的大小是多少。

市场比较法的模型可以分为加法模型、乘法模型和混合模型。其中，加法模型具体形式如式（3-1）[①]：

$$MV_s = SP_c + ADJ_c \qquad (3-1)$$

- MV_s：估计的市场价值；
- SP_c：可比交易案例售价；
- ADJ_c：修正。

乘法模型具体形式如式（3-2）：

$$MV_s = SP_c \times ADJ_c \qquad (3-2)$$

- MV_s：估计的市场价值；
- SP_c：可比交易案例售价；
- ADJ_c：修正。

混合模型则是加法模型与乘法模型的结合。

（2）收益法

收益性房地产通常采用收益法进行评估。评估师根据房地产数量、质量等信息衡量其收益，然后使用资本化率将收益转化为房地产现值，也就是市场价值。

使用收益法进行批量评估，首先要收集收入和费用数据。在实际中，房地产经营收益和费用的数据会存在缺失和不准确的问题。为了解决这一问题，评估师可以有两种方法。

第一种方法，评估师根据收集到的数据，计算出房地产正常经营情况下的毛收益、空置率、净收益，以及运营费用率。这些正常经营下的经营数据可以帮助评估师确定个别房地产数据的合理性及补充缺失的数据。

---

① Robert J Gloudemans. Mass Appraisal of Real Property ［M］. International Association of Assessing Officers，1999.

第二种方法，评估师可以根据实际收集到的收益和费用数据，选取适当样本，进行多元回归分析，确定类似房地产经营数据。

收益法批量评估的第二步是将收益数据通过资本化率或收益乘数转化为评估价值。根据收益数据的不同，资本化率可以分为毛收益资本化率和净收益资本化率。资本化率通过近期市场交易价格数据和实际收益数据计算得到。如果交易正常，且收益数据准确，资本化率应是稳定、可信的参数。收益乘数的确定方法与资本化率类似，收益乘数与资本化率互为倒数关系。

这里是两个最基本的收益法公式：

$$MV = \frac{NOI}{r} \qquad (3-3)$$

- MV：最终得到的市场价值；
- NOI：净运营收益；
- r：资本化率。

$$MV = GI \times GIM \qquad (3-4)$$

- MV：最终得到的市场价值；
- GI：毛年收益；
- GIM：毛收益乘数。

在公式（3-4）中，毛年收益也可以用月毛租金收益代替。

（3）成本法

成本法适用范围非常广，几乎所有经过改良的土地都适用成本法。如果使用得当，成本法可以评估出非常准确的评估值。尤其是对于使用标准材料、设计和施工方法的新建筑，成本法是比较适合的评估方法。

对于成本法来说，可靠、完整、具有时效性的成本数据是成功的关键。很多地方，评估师会使用权威的成本手册，并结合相关软件，完成成本法评估。成本法的一个难点是折旧的确定。折旧率必须基于非成本数据（主要是交易数据），并结合评估师主观判断。

成本法的公式如式（3-5）：

$$MV = \pi GQ \times [(1 - BQ_D) \times RCN + LV] \tag{3-5}$$

- MV：估计的市场价值；
- πGQ：总体质量，如区位、年龄等；
- BQ_D：建筑物质量折旧；
- RCN：建筑物重置成本（重建成本）；
- LV：土地价值。

（4）多元回归分析法（MRA）

除了上述的模型以外，基于市场比较法的基本原理，在很多房地产市场比较成熟和活跃的地区，评估师使用多元回归模型来进行评估，也称为直接市场法或特征价格法。在使用上，多元回归分析法结果的准确性取决于选取的评估对象范围。评估对象的同质性越高，使用多元回归分析法评估的结果越准确。从变量的选择上，选择更多的房地产特征作为方程的变量有助于提高模型的准确性，但同时，增加变量会增加对样本数量的要求。从经验来看，交易样本数量应至少为方程变量数的5倍。例如，一个设置20个变量的特征价格方程，至少需要100个交易样本（如果样本量超过300个，回归效果会更好）。此外，特征价格方程应当尽可能简单和易于解释，这也有助于争议处理阶段对纳税人进行解释。

多元回归模型的形式主要包括三种，加法模型（也称为线性模型）、乘法模型或混合模型（也称为非线性模型）。在模型形式的选择上，并没有一定之规，而是根据市场分析人员的经验及评估对象的类型来确定的。模型的因变量可以是交易总价格，也可以是单价、总收益，或者单位面积收益。

三种模型形式中，加法模型是最常见的形式，易于模型的校准和理解，大部分统计软件都具备这一模型形式。乘法模型则更容易捕获变量间的曲线关系，使模型更加准确地反映各因素对房地产价值的影响。混合模型相对少见，通常是将房地产价值分解为建筑、土地，以及其他部分。由于结合了加法模型和乘法模型的特点，混合模型通常能够更准确地反映市场。

加法模型的基本公式：

$$MV = B_0 + B_1X_1 + B_2X_2 + \cdots + B_nX_n \tag{3-6}$$

- MV：因变量；
- B_0：常数项；
- X_i：自变量；
- B_i：系数。

乘法模型的基本公式：

$$MV = B_0 \times X_1^{B_1} \times X_2^{B_2} \cdots \times X_n^{B_n} \tag{3-7}$$

或，

$$MV = B_0 \times X_1^{B_1} \times X_2^{B_2} \times B_3^{X_3} \cdots \times B_n^{X_n} \tag{3-8}$$

- MV：因变量；
- B_0：常数项；
- X_i：自变量；
- B_i：系数。

混合模型的基本公式：

$$MV = \pi GQ \times (\pi BQ \times \sum BA + \pi LQ \times \sum LA + \sum OA) \tag{3-9}$$

- MV：估计的市场价值；
- πGQ：总体质量乘数；
- πBQ：建筑物质量乘数；
- $\sum BA$：建筑物可相加变量；

- πLQ：土地质量乘数；

- $\sum LA$：土地可相加变量；

- $\sum OA$：其他可相加变量。

（资料来源：Robert J Gloudemans. Mass Appraisal of Real Property ［M］. International Association of Assessing Officers，1999.）

📖【专栏 3 - 2】

批 量 评 估 基 本 模 型 适 用 的 房 地 产 类 型

不同房地产类型适用的批量评估模型，如表 3 - 1 所示。

表 3 - 1　　　　不同房地产类型适用的批量评估模型[a]

房地产类型	成本法模型	市场比较法模型	收益法模型
独立式住宅	2	1	3
多家庭住宅	3	1、2	1、2
商业	3	2	1
工业	1、2	3	1、2
非农用地	—	1	2
农地[b]	—	2	1
特殊用途[c]	1	2、3	2、3

注：a. 表中数字代表不同模型的适用性排名，最适用为 1。
b. 包括农场、牧场和森林。
c. 包括机构、政府以及休闲房地产。

（资料来源：International Association of Assessing Officers，Standard on Mass Appraisal of Real Property（approved July 2017）［S/OL］.［2022 - 3 - 2］. https：// www. iaao. org/media/standards/StandardOnMassAppraisal. pdf.）

55. 房地产税批量评估的基本流程是什么?

房地产税批量评估全流程大致可以包括六个环节（见图 3 - 1）。

图 3 - 1　房地产税批量评估流程

资料来源：https：//www.iaao.org/media/standards/StandardOnMassAppraisal.pdf.

第一环节是制定房地产税评估相关法律和技术准则。房地产税评估比较成熟的国家，房地产税法中会对评估基本原则和要素做出规定，包括评估对象、价值类型、评估时点、评估假设、评估原则、房地产类型划分，甚至评估方法等。很重要的一点，法律中会赋予评估部门或机构获取相关数据的权力。

第二个环节是数据收集。房地产税评估所需数据主要来自政府部门间的共享数据和评估部门采集的数据。随着技术的不断发展，很多先进的数据采集技术应用于房地产税的数据采集中，大大提高了数据采集效率，减少了数据采集的成本。

第三个环节是计税价值的评估，包括评估对象分组和编码、分组批量评估模型，确定参数取值，价值评估。

第四个环节是评估质量审核及调整。这个环节通过计算一系列统计指标，对评估结果的准确性、一致性、集中度等方面进行审核。不仅是评估结果，质量审核和控制也是贯穿于房地产税批量评估全流程的。

第五个环节是发送评估结果通知单。评估通知单中会标明评估对象、评估结果，以及上诉的方式。

第六个环节是评估结果的上诉与更正。评估部门会设置专门的上诉环节，接受对评估所使用的数据、方法、评估结果的异议。评估部门会根据异议内容对评估过程和结果进行审核，做出是否需要更正评估结果的决定。

📖【专栏 3 - 3】

房 地 产 税 评 估 相 关 名 词 的 解 释

房地产税评估相关名词的解释如表 3 - 2 所示。

表 3 - 2　　　　　　　　　房地产税评估相关名词解释

名词	国际估价官协会定义	中国房地产估价基本术语标准中的定义
估价对象 （subject property）	❖ 待估价的财产 ❖ 财产定义：实物与附着于实物、受法律保护的相关权利	所估价的房地产等财产或相关权益
价值时点 （appraisal date）	❖ 对某一财产价值实施估计的时间 ❖ 相关概念：评税时点（assessment date）。用于税收目的的法定时间。评估价值反映评税时点当天的状态	所评估的估价对象价值或价格对应的某一特定时间

名词	国际估价官协会定义	中国房地产估价基本术语标准中的定义
估价原则 （appraisal principles）	指估价中所依据的经济概念，包括： ❖ 预期原则（principal of anticipation） ❖ 平衡原则（principal of balance） ❖ 变化原则（principal of change） ❖ 一致原则（principal of conformity） ❖ 贡献原则（principal of contribution） ❖ 连续原则（principal of progression） ❖ 替代原则（principal of substitution） ❖ 竞争原则（competition） ❖ 需求原则（demand） ❖ 最高最佳利用原则（highest and best use） ❖ 收益递减规律（law of variable proportions）	估价活动所依据的法则或标准 ❖ 独立、客观、公正原则 ❖ 合法原则 ❖ 价值时点原则 ❖ 替代原则 ❖ 最高最佳利用原则 ❖ 谨慎原则
批量估价 （mass appraisal）	在统一价值时点，使用标准方法和共同数据，对一组财产进行估价，并经过统计检验的过程	基于同一估价目的，利用共同的数据，采用相同的方法，并经过统计检验，对大量相似的房地产在给定日期的价值或价格进行评估
个案估价 （single-property appraisal）	一次对一宗房地产进行系统性的估价	相对于批量估价而言，单独对一宗或若干宗房地产的价值或价格进行评估
市场价值 （market value）	美国目前达成共识的定义： ❖ 在满足公正交易全部前提的竞争和公开市场中，买卖双方在谨慎和充分信息且不受任何过度激励的前提下，最有可能实现的价格 ❖ 买卖双方具有典型的交易动机 ❖ 买卖双方掌握充分的信息，出于最佳利益目的采取行动 ❖ 交易的不动产相关信息在公开市场上有合理的公开时间 ❖ 以美元现金形式或类似的金融安排支付 ❖ 不受特殊或创新的金融手段或交易任何一方实施的交易让步影响的正常价格	估价对象经适当营销后，由熟悉情况、谨慎行事且不受强迫的交易双方，以公平交易方式在价值时点自愿进行交易的金额

名词	国际估价官协会定义	中国房地产估价基本术语标准中的定义
计税价值 （assessed value）	❖ 政府部门以征税为目的而对不动产和动产确定的价值 ❖ 以税额计算为目的，由官方记入评估清单的财产的价值金额	为征税目的而评估的价值

（资料来源：International Association of Assessing Officers，Glossary for Property Appraisal and Assessment – Second Edition，www. iaao. org.

中华人民共和国国家标准：房地产估价规范 GB/T 50291 – 2015。

中华人民共和国国家标准：房地产估价基本术语标准 GB/T 50899 – 2013。）

56. 数据收集如何开展？

房地产税评估所需数据主要来自政府部门间的共享数据和评估部门采集的数据。其中，来自政府部门间共享的数据主要包括：房屋和土地产权相关数据、地籍信息、规划用途、建筑结构图、周边设施等。房地产税评估比较成熟的国家和地区，评估部门通常与其他相关政府部门和机构建立数据共享平台或者接口，实现实时或者定期的数据共享。

除了政府信息，评估部门自己也会进行数据采集，主要包括房屋物理属性、价格和租金等。一些国家的房地产税评估部门也会通过向第三方采购的方法，将数据收集外包给第三方公司。技术上，一些新的技术，如地理信息技术、航拍、无人机、移动街景照片、移动手持数据采集等技术都在房地产税数据采集中发挥重要作用，提高数据收集的效率和准确性。

除了数据收集，房地产税评估数据库评估建设也是一项重要的内容。评估师会对每一个评估对象进行编码，将全部数据与评估对象进行匹配，形成房地产税评估数据库。

📖【案例 3 - 1】

加拿大不列颠哥伦比亚省评估局数据收集模式

加拿大不列颠哥伦比亚省《评估法案》赋予省评估局收集房地产税评估相关数据的权力。加拿大不列颠哥伦比亚省评估局数据的主要来源如下。

➤ 地方政府

  • 建筑许可证和建筑平面图

➤ 实地调查和再评估项目

➤ 纳税人申报的调查问卷

  • 住房存量

  • 收入和支出表

  • 交易调查问卷

➤ 交易数据

  • 土地产权与测量局

  • 加拿大房产协会的挂牌信息系统（MLS）、地产网、加拿大抵押贷款住房公司（CHMC）、出版刊物和业界的专业从业人员

➤ 争议处理

➤ 数据补充采集项目

（资料来源：Michael Lomax. Property Assessment Administration ［R］. 北大－林肯中心内部报告，2009. ）

房地产税评估相关数据采集的新技术

近年来，房地产税评估在数据收集和分析上采用了很多新技术，大大提高了数据采集的效率和准确性，节省了人力成本。数据收集新技术的主要应用领域可以分为初始数据收集和补充实地调查。下面列出常用的具有代表性的数据收集新技术。

▶▶**手持移动数据收集设备**

数据收集员使用手持设备，实现数据的收集与网上提交（见图 3 – 2）。手持地理信息（GIS）数据收集设备的功能包括地理坐标定位、在线数据表格填写与提交、实景照片拍摄等。数据收集器与中央数据库连接，数据收集员可以现场对房地产特征进行收集和检查。

图 3 – 2　手持移动 GIS 终端

▶▶**街景照片**

街景照片技术是在汽车上安装照相设备，在汽车开动中对沿途房地产进行拍照。实景照片为评估师提供了高像素的影像，便于评估师对待估房地产的特征、状况和质量进行核实。通过给街景照片分配坐标参数，可以实现在地图中的定位，从而与批量评估系统数据库中其他房地产特征信息进行匹配。

街景照片为评估师提供了建筑物外观照片（见图3-3），可以用于评估数据确认、评估分组、评估结果审核、质量控制等方面。街景照片在评估师与房屋所有者的沟通及争议处理方面也能发挥重要作用，有助于评估结果的解释。在不列颠哥伦比亚省，街景照片也用来研究商业房地产的空置情况。

图3-3　街景照片及街景照片的拍摄

▶▶正交遥感图片

正交遥感图片指的是对遥感影像进行地球曲面校正后的影像。在一些地方，正交遥感图片可以作为政府地图系统的底图，服务于包括房地产税评估、地籍管理、建筑管理、灾害处置等在内的相关政府职能。正交遥感图片分配黑白和彩色两种，大多数评估部门选择彩色图片作为标准的遥感影像产品。根据国际估价官协会（IAAO）技术标准，城市地区正交遥感影像更新周期最长为5年，农村地区最长为10年①。对于城镇地区，遥感影像精度不得低于30厘米。对于农村地区，遥感影像精度不得低于2.4米。

高清晰度的正交遥感影像（见图3-4）是评估师以较低成本获取建筑外部改良数据的有效途径。通过在卫星影像上叠加建筑界址图，评估时可以审核一幢房屋是否进行了扩建或拆除。这项技术在确认一幢建筑是否有非法改建方面十分有效。

图3-4　正交遥感影像

▶▶倾斜影像

倾斜影像是通过卫星或飞机，对同一建筑物进行多角度拍摄。图3-5（a）为15厘米精度的倾斜影像照片，可以满足评估师对建筑高度的测量要求。图3-5（b）则为不同精度的倾斜影像图片，其中，4英

---

① International Association of Assessing Officers. Standard on Digital Cadastral Maps and Parcel Identifiers ［S］. 2015：7-13.

寸对应的精度为 10 厘米，5 英寸对应 12.5 厘米，6 英寸对应 15 厘米，9 英寸对应 22.5 厘米。

（a）

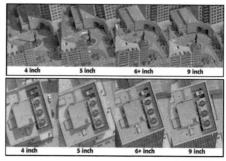
（b）

图 3 - 5　倾斜角度摄影照片

倾斜角度摄影可以为评估师提供多达 12 个角度的建筑外观影像，评估师可以将其导入地理信息系统，测量距离、高度和面积等。倾斜角度影像能够实现 1 个或 2 个像素的测量精度，评估师可以通过不同角度的影像绕过建筑物屋檐，测量建筑实际高度。评估师坐在办公室就可以通过影像来考察批量评估系统中已有数据的准确性及房屋所有者自行申报数据的准确性。

▶▶变化分析

变化分析是将不同时点拍摄的影像进行比对，来判断建筑结构的变化。评估师将不同时点拍摄的两张正交影像进行叠加，所有建筑界址的变化便能够展现出来，包括扩建、改建、拆除等。此外，正交影像上叠加建筑边界图，也能够监测出建筑的变化（见图 3 - 6）。

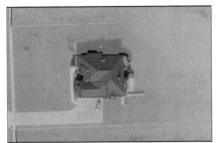

图3-6 变化分析操作示意

▸▸三维（3D）照片

3D技术可以将两张照片影像合成一幅三维影像（见图3-7），主要用于地形图的制作。照片技术可以辅助评估师了解房地产物理特征和空间位置。

图3-7 3D照片

▸▸光探测雷达（LiDAR）技术

光探测雷达技术是在飞机上安装红外激光器，对地面物体进行扫描（见图3-8）。扫描的结果形成"点云"，通过解析可以用于提取地面建筑物外观信息。光探测雷达技术需要使用者具备数据提取、分析和解析的能力。此外，光探测雷达技术获得的数据在下载和解析时需要的时间也比较长。这一技术对于数据存储能力要求也较高。

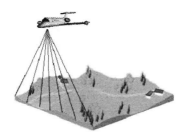

图3-8　光探测雷达技术示意图

光探测雷达技术可以用于提取建筑物边界，并在批量评估系统中实现与地理信息系统（GIS）相关应用的整合。使用者可以将批量评估系统中的数据与光探测雷达技术获得的数据进行对照，当发现遗漏的建筑物时，可在批量评估系统中补充数据。图3-9中展示的是批量评估系统中保存的建筑边界图与光探测雷达数据的比对，系统可以计算出两者的差异。评估师可以根据系统的提示去核对或更正相关数据。

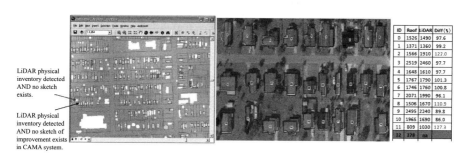

图3-9　光探测雷达数据与建筑边界图的比对

▶桌面再评估

桌面再评估系统将各种地理信息数据，包括街景照片、评估数据、正交影像、建筑边界、底图数据等，导入计算机辅助批量评估（CAMA）系统，评估师可以更加直观地看到房地产外观特征和区位信息。

图 3-10 展示了桌面再评估系统的一些外观和界面。当需要浏览一组房地产时，评估师可以在查看评估相关特征数据的同时，看到该房地产的地理位置及外观特征等。

图 3-10　桌面再评估系统外观及界面

桌面再评估系统可以有效解决批量评估系统中各类数据之间的匹配和整合。有了桌面再评估系统，评估师在办公室就能够看到关于待评估房地产的各种信息和图像，大大提高了评估效率和准确性。从加拿大不列颠哥伦比亚省评估局的使用效果看，没有使用桌面再评估系统的时候，一名评估师一天平均评估 15~25 宗房地产；而使用桌面再评估系统后，一名评估师一天能够评估 100~200 宗房地产。

（资料来源：Michael Lomax. Property Assessment Administration［R］. 北大－林肯中心内部报告，2009.）

房地产税评估为什么要进行实地勘察？其法律依据是什么？

房地产税计税价值评估需要采集很多数据，评估师通过实地勘察的方式采集信息往往是必要的。实地勘察中，评估师除了在房地产外部采集外观、结构、周围环境等数据，也有可能需要进入房地产内部进行数据采集。随着技术的进步，评估部门可以通过街景照片、航拍、卫星图片等方式获取评估相关信息。因此，评估人员只有在必要的情况下才会选择进入房地产内部进行勘察。

关于是否赋予房地产税评估部门或评估师进入房地产内部采集数据的权力，各国和地区通常有不同的做法。

第一种做法是在法律中赋予评估人员进入房地产内部进行勘察的权力，房产业主必须配合。例如，加拿大不列颠哥伦比亚省《评估法案》中规定，评估部门授权的人员有权进入房地产内部采集评估必需的信息，业主必须配合。

第二种做法是赋予评估人员实地勘察的权力，但也赋予业主拒绝的权利。例如，美国一些州在法律上也赋予评估人员进入待评估房地产内部获取信息的权力，但强制性相对较弱。评估师必须在业主同意的前提下，才可以进入房地产内部进行实地勘察。实践中，如果房屋所有者拒绝让评估人员进入房屋内部进行勘察，很有可能会出现评估结果不准确的情况。如果因此造成纳税人的评估结果的争议，则纳税人需要自行承担举证责任。在威斯康星州 2017 年的一个判例中[1]，州高等法院认为，

---

[1] Milewski v. Town of Dover, 2017 WI 79, https://law. justia. com/cases/wisconsin/supreme – court/2017/2015ap001523. html. https://www. boardmanclark. com/publications/municipal – newsletter/ limitations – on – interior – property – inspections – for – property – tax – assessments.

房地产所有者如果不同意税收评估师进入其住宅，则要放弃对评估结果的上诉权力。在英国，评估部门工作人员可以要求进入住宅内部进行勘察，但必须征得业主同意[①]。

57. 如何对评估对象分组、编码并建立批量评估模型？

评估对象分组和编码是批量评估最重要的环节之一，是批量评估模型建立的基础。通过分组，可以将评估对象划分为可管理的、具有较高相似性的小组，确保模型的适用性。

评估对象分组需要基于一些规则，如用途、区位等。分组规则不应过粗也不应过细。如果分组规则很粗，会导致组内房地产类型、区位及其他影响价值的因素差别过大，无法获得稳定的评估结果。如果分组规则过细，组内房地产一致性很强，但可能导致房地产交易数量太少，不足以进行价值评估。

分组后，评估师需要对每个分组进行编码，编码应当反映房地产类型、实际用途、地理分区、价格等的逻辑关系，每个分组获得一个唯一的编码。

在确定评估分组基础上，评估师对每个分组建立批量评估模型。首先，评估师在组内选取样本房地产，对样本房地产特征和价值的关系进行分析，主要方法是多元回归分析方法，确定入选的变量。其次，通过与市场价值的比对，评估师会不断修正模型变量，得到最终的模型，并确定变量的参数。最后，评估师使用这个模型对小组内全部房地产进行

---

① Home Office. Guidance, Powers of Entry: Code of Practice [EB/OL]. (2014 - 12 - 8) [2021 - 1 - 2]. https://www.gov.uk/government/publications/powers - of - entry - code - of - practice.

评估，得到评估结果。

📖【案例 3 – 2】

加拿大不列颠哥伦比亚省：竞争性市场
集合（competitive market set，CMS）

以加拿大不列颠哥伦比亚省为例，评估对象的分组称为竞争性市场集合，其定义为：典型的买家或卖家（投资者）在做投资机会比较时，通常会作为选择范围的一系列特定类型的房地产。

竞争性市场的本质是对房地产进行市场细分，目的在于将全部待评估房地产划分为可管理的、有意义的组，便于在 CAMA 系统中进行管理。因此，在分组时要控制每个组中房地产的数量。每组房地产数量过多，会导致组内房地产同质性降低，则无法得到具有代表性的模型，评估结果的一致性也较差。如果每组房地产数量过少，则会导致缺少交易量，无法获得足够的样本来建立模型。以土地价格编码为例，每个细分组里约有 300 个地块。

竞争性市场划分基于可替代原则，在划分竞争性市场时，首先应当考虑是否可以用一个组包含所有房地产。如果不可行，则要根据房地产的一些特征属性进行细分。加拿大不列颠哥伦比亚省评估局设计了几层分组规则，从大到小逐步将房地产划分为不同的竞争性市场。每个竞争市场中的房地产具有较高的同质性，可以使用统一的模型进行评估，从而实现批量评估。

▶划分房地产类别

竞争性市场划分的第一步是划分房地产类别。在不列颠哥伦比亚省

《评估法案》中规定了8个房地产类别①，评估师需要将每个房地产划分至相应的类别中（见表3-3）。

表3-3   不列颠哥伦比亚省房地产分类

编号	房地产类型
Class 1	住宅
Class 2	公共设施
Class 4	重工业
Class 5	轻工业
Class 6	商业及其他
Class 7	管理的森林土地
Class 8	休闲/非营利组织房地产
Class 9	农地

▸▸房地产实际用途编码

在法律规定的房地产分类基础上，第二步是按照实际用途对房地产进行更进一步的分类。每一个房地产都对应一个表明其用途的编码，省评估局约有250个可用的实际用途编码。根据不同的实际用途编码，评估师可以设计不同的评估模型及成本费用表格。表3-4是实际用途编码的例子。

表3-4   不列颠哥伦比亚省房地产实际用途编码

编号	房地产用途
200	商业—空置

---

① 由于法律的变化，第3类非管理的林地已经被删除，但是增加了第8类休闲/非营利房地产。

编号	房地产用途
201	零售
350	办公楼
353	购物中心
400	工业—空置
401	工业
600	市政、机构

▶▶地理分区

在根据用途进行划分的基础上，根据需要使用地理位置对房地产进行细分。房地产的价值与区位有着密切的联系，同样用途的房地产由于地理位置的不同也会有不同的价值，因此，在竞争性市场划分中要予以考虑。

地理分区可以基于行政管理边界，也可以根据价格集中分布区域。在地理分区的基础上，评估师可以进一步细化评估模型，成本和费用的表格也可以根据房地产所在地理分区进行细分，并进行结构化处理。

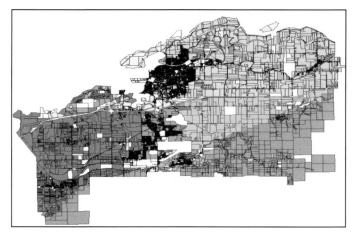

图 3-11　不列颠哥伦比亚省地理分区

▶▶**土地价格编码**

土地价格编码表示房地产所处地理分区或者街道的土地价格。在不列颠哥伦比亚省住宅评估中，法律规定要分别评估土地和建筑物的价值。因此，省评估局设计了土地价格编码，用于评估土地价值。土地价格编码基于市场比较法，收集大量土地交易案例，根据地块自身的属性及所在地理位置，将价格划分为不同的组，每个组采用唯一的土地价格，也就是土地价格编码。下面是土地价格编码的一些例子，不同颜色代表不同的土地价格编码，每个编码对应一个土地价格。评估局还使用地理信息（GIS）技术将土地价格编码作为一个图层在地图上展示，方便评估师对新的地块进行编码（见图3－12）。

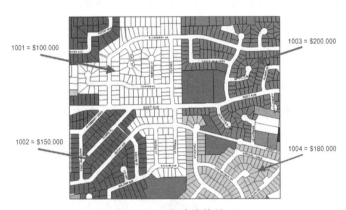

图3－12　土地价格编码

（资料来源：Michael Lomax. Property Assessment Administration ［R］. 北大－林肯中心内部报告，2009.）

58. 如何使用市场比较法和成本法批量评估独栋住宅？——以北美国家为例

（1）市场比较法

住宅的批量评估以市场比较法为基础，通过多元回归分析法进行批量评估。模型的形式上，对于独栋住宅大多使用加法模型，高层住宅或公寓大多使用乘法模型（模型具体形式见"54. 房地产税批量评估有哪些基本模型？分别适用于哪类房地产？"）。根据实际情况需要，在基本的加法模型和乘法模型基础上，评估师根据实际情况也会加入指数或非线性形式的变量。

评估师会通过收集的交易案例来确定方程中的变量及其系数，经过不断调整，最终得到每一个分组所使用的模型。根据国际估价官协会《房地产批量评估》教材，独栋住宅模型的重要特征或变量如表 3 – 5 所示。

表 3 – 5　　　　　　　　独栋住宅批量评估所需变量

物理特征变量	区位特征变量
主体建筑居住面积	邻里
装修的地下室面积	地块面积或临街宽度
未装修的地下室面积	地块形状
可使用的阁楼面积	地形
建筑质量	建筑退让
设计	道路或交通

物理特征变量	区位特征变量
墙体类型	距离商业中心区的距离
屋顶类型	邻湖或高尔夫球场的宽度
车库类型和面积	景观
露台、门廊面积	设施
实际楼龄	附属建筑物
有效楼龄或状况	游泳池
卫生间	加热浴缸
消防	安全
供暖	—
制冷	—
内部装修	—

（资料来源：Robert J Gloudemans. Mass Appraisal of Real Property ［M］. International Association of Assessing Officers，1999. ）

（2）成本法

成本法需要评估师分别确定建筑物成本和土地成本，加总得到房地产价值。实践中，评估部门会使用成本手册进行操作。成本手册可以是评估部门自己开发的，也可以是国家统一制定的，或者是市场机构制作的。

成本法的评估步骤如下：

第一步，评估师将房地产按照主体结构进行分组，划分成具有较高同质性的小组。例如，分组可以按照住宅建筑类型划分（A 类），每个类型之下再按照建筑等级进一步划分（B 类），由此便形成 A×B 个评估小组。

第二步，评估师对每个小组分别设定成本法模型基本形式。成本法模型通常采用加法形式，评估师需要根据评估对象的建筑组成部分、结构、类型等确定主要变量。

第三步，评估师通过对典型房地产成本和价值进行细致研究，为每一个变量确定对应的价值系数，并计算每一个评估对象的重置成本（RCN）。

第四步，评估师确定折旧率。通常而言，建筑质量越高的房屋折旧越慢。由此可见，折旧率通常是一个非线性的变量，随着建筑年龄的增加，折旧率不断提高。

（资料来源：Robert J Gloudemans. Mass Appraisal of Real Property，International Association of Assessing Offices ［M］. 1999. ）

59. 如何使用指标估价法批量评估高层住宅？——以中国香港特别行政区为例

中国香港地区高层建筑十分密集。基于市场比较法，香港地区使用指标估价法适用于评估物业属性和估价特性较为近似的物业。可利用此方法估价的物业包括：住宅、办公室、分层工厂大厦和工贸楼宇。一组独立、半独立或连接的房屋亦可利用此方法评估。

应用此方法时，估价人员会在一幢大厦内挑选一个典型物业单位作为"指标估价"（reference assessment），然后根据足以影响租值的因素，建立指标估价与大厦内其他物业单位的数学关系。根据精密的租金分析和复回归分析的结果确定指标估价的基本率（每平方米月租）后，电脑便可参照个别物业单位的楼面面积和其他相对于指标估价的预设调整率，自动计算出各物业单位的估值。将所得数值化为整数后，便可运算出各物业单位的全年初步应课差饷租值（provisional rateable value 或 Pro-RV）。

指标估价法的典型步骤：

- 选择指标估价；
- 制订指标估价与指标范围内个别物业单位的调整率，从而决定计算初步应课差饷租值的数学公式；
- 估算指标估价的基本率（每平方米月租）；
- 根据指标估价和调整率，分别计算大厦中其他物业单位的估值。

（资料来源：香港特别行政区差饷物业估价署．香港差饷税制：评估、征收及管理（第二版）［Z］. 2013.）

60. 如何使用直接比较法批量评估高层公寓？——以加拿大不列颠哥伦比亚省为例

评估师收集高层公寓交易案例，包括发生的交易、挂牌信息，以及合同信息。按照地理区位、邻里片区、规模、质量/条件、房龄和景观等因素将公寓划分为不同模型。每个模型里再分为不同的质量等级。对模型中每个质量等级所包含的交易案例进行分析，例如，取中位数，得到该等级对应的单位面积价值。在评估中，评估师根据待估房地产的数据将其归入相应模型的质量等级，得到其单价，最终得到房地产价值（见图 3 - 13）。

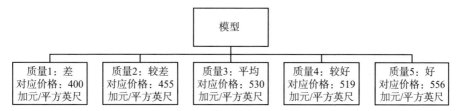

图 3 – 13　公寓评估直接比较法模型

注：1 平方英尺 ≈ 0.09 平方米，此处为原文引用，故不做修改。

资料来源：刘威，Michael Lomax. 房地产税批量评估技术国际经验报告 [R]. 北大 – 林肯中心内部报告，2012.

61. 如何使用收益法批量评估商业房地产？——以加拿大不列颠哥伦比亚省为例

商业房地产中主要包括写字楼、零售店铺、酒店、购物中心等。不列颠哥伦比亚省商业房地产批量评估使用收益法。收益法批量评估模型也是基于市场细分建立起来的。收益法模型的基本结构是：

$$待估市场价值\ MV = \frac{租金 \times 面积 \times (1 - 空置率) \times (1 - 费用率)}{资本化率\ R}$$

$$= \frac{净运营收入\ NOI}{资本化率\ R} \qquad (3 - 10)$$

以写字楼评估为例。评估师收集大量交易案例，将具有相同特征的写字楼分为一组并进行编码。每一个评估组在模型结构上都使用收益法评估模型，但是在租金、空置率、费用率和资本化率上有不同的取值范围。

每个评估组内部，评估师将组内评估对象再进行细分，分为不同的质量等级。每个质量等级对应一组确定的租金、空置率、费用率和资本化率取值。评估师根据待估写字楼的属性特征将其归类，系统会自动匹配该类别中的各个变量，得到评估结果。

例如，一幢写字楼的建筑面积为 10 万平方米，评估师在考察其相关数据后将其质量定为 3 级。在批量评估系统质量 3 级对应的租金、空置率、费用率，以及资本化率分别为 14 元、5%、10% 和 6.5%。则自动计算出该写字楼评估价值为 18415384 元。

（资料来源：Michael Lomax. Property Assessment Administration ［R］. 北大－林肯中心内部报告，2009.）

62. 如何使用指标估价法批量评估商铺？——以中国香港特别行政区为例

中国香港地区商业十分发达，店铺众多，形式各异。从评估角度看，每个店铺在铺面阔度、楼底高度、楼龄、形状、街角等参数上都不相同。

在评估时通常采取标准指标物业法。与高层住宅评估中将大厦中一个物业单位作为指标物业的做法不同，商铺评估的指标估价法是虚拟一个标准店铺作为指标物业。评估师会研究具体评估对象店铺（大多拥有跟标准店铺不同的特性）与标准店铺的差异，建立每一个店铺与标准店铺的联系，通过租金修正来体现。租金修正内容包括面积、铺面阔度、楼底高度、楼龄、形状、街角影响等。

（资料来源：香港特别行政区差饷物业估价署. 香港差饷税制：评估、征收及管理（第二版）［Z］. 2013.）

63. 如何使用成本法批量评估重工业房地产？——以加拿大不列颠哥伦比亚省为例

重工业房地产通常是具有特殊目的、特殊用途、特殊设计的房地产，因此，通常使用成本法进行评估。省评估局聘请专业的公司制作了重工业房地产成本手册，用于评估。第一套手册于 1987 年完成，1988 年正式用于评估。该手册规定，每年 8 月中旬至 12 月初对手册进行更新。

成本核算流程主要包括：

第一步，确定手册中主要适用部分。除了使用省评估局制作的成本手册，评估师还会参考其他的成本手册，如马歇尔和斯威夫特（Marshall & Swift）公司的成本手册、政府制作的大坝手册等。

第二步，根据适用的部分和规定的流程确定每个改良物成本。通常是确定每个建筑单元的成本，然后乘以单元数量得到基础成本。

第三步，适用地方成本乘数、更新因子和建设中利息对成本进行调整。地方成本乘数用于修正各地区建筑材料成本的差异。更新因子用于将手册中成本数据修正到评估当年的水平。建设中的利息是总成本的附加成本，适用于所有参考成本手册得到的成本。

第四步，扣除折旧。

下面是改良无成本核算的两个重要的公式。公式（3－11）中是基础成本核算过程，根据每个改良物单元成本和单元数量得到基础成本。公式（3－12）是参考成本手册对基础成本进行必要修正。

$$建筑单元数量 \times 单元建筑成本 = 基础成本 \qquad (3-11)$$

$$基础成本 \times 地方成本乘数 \times 更新因子 \times 建设中利息 = 改良物总成本$$

$$(3-12)$$

由于一些重工业房地产的特殊性，评估师往往需要参考其他公司制作的成本手册，因此，在成本手册中对可以作为参考的成本手册进行了说明。手册中会注明该类房地产主要适用的章节，并且对手册中其他章节或者其他手册中的相关内容进行注释。

（资料来源：刘威，Michael Lomax. 房地产税批量评估技术国际经验报告［R］. 北大 – 林肯中心内部报告，2012.）

64. 如何对评估结果进行质量审核？有哪些指标？

评估完成后，评估师会对评估结果进行质量审核。评估结果的审核主要参考一系列统计指标，最常见的 3 个统计指标为：评估价格比率（assessment to sale ratio，ASR）、离散系数（coefficient of dispersion，COD）、价格相关差（price related differential，PRD）。

（1）评估交易价格比率（ASR）

评估交易价格比率即评估结果与市场交易价格的比值，看评估结果是否准确反映了市场价格水平。如公式（3-13）所示：

$$评估价格比率 = \frac{评估价值}{交易价格} \qquad (3-13)$$

每一个评估对象都会有一个评估价格比率，评估师会使用组内评估价值比率的中位数作为质量判断的核心指标。根据国际估价官协会

（IAAO）的技术规则①，评估价格比率的合格标准为 0.90~1.10。

（2）离散系数（COD）

离散系数即组内样本与中位数的平均离差，反映评估结果与组内评估中位数的集中程度。如公式（3-14）所示：

$$离散系数 = 100 \times \frac{样本与中位数之差的平均数取绝对值}{中位数} \qquad (3-14)$$

应用中，样本通常可以是每个样本房地产的评估价格比率，通过计算离差系数来判断评估值与市场价值的关系是否具有集中性。根据国际估价官协会（IAAO）的技术规则②，不同类型房地产有不同的离散系数标准，以新建或同质地区的独栋住宅和公寓为例，离散系数标准为 5.0~10.0；分布范围较大的经营性房地产，离散系数标准为 0.50~15.0。

（3）价格相关差（PRD）

反映评估结果相对于市场价值的累退性或累进性。换句话说，这个指标检验评估结果是否与市场价格成比例变化。举例而言，如果认为是累退性的，意味着高价值房地产被低估了。公式如下：

$$价格相关差 = \frac{评估价格比率平均值}{按交易价格加权的评估价格比率均值} \qquad (3-15)$$

根据国际估价官协会（IAAO）的技术规则③，价格相关差的合格标准为 0.98~1.03 之间。超过 1.03 则认为是累退的，低于 0.98 则认为是累进的。

（资料来源：Michael Lomax. Property Assessment Administration［R］. 北大－林肯中心内部报告，2009.

---

①②③ International Association of Assessing Officers. Standard on Ratio Studies［S］. approved April 2013：17.

International Association of Assessing Officers, Standard on Ratio Studies ［S］. approved April 2013.）

65. 什么是计算机辅助批量评估系统（CAMA）？

在各国房地产税批量评估实践中，越来越多的国家基于计算机技术对批量评估的政策流程进行系统化，开发出计算机辅助批量评估系统。计算机辅助批量评估系统（computer-assisted mass appraisal，CAMA）是基于计算机技术开发的自动系统，包括房地产数据收集与维护、价值评估、评估质量控制、向房屋所有者发放评估结果等功能。计算机技术的引入提高了批量评估的效率和质量，同时也大幅降低了成本。目前，计算机辅助批量评估系统已经在全球得到广泛应用。

近年来，地理信息系统（GIS）的引入又为房地产税批量评估系统带来新的发展。电子化的地图为评估师定位评估对象，查看周边房地产情况提供了便利。很多地方对传统的房地产数据库结构进行了改进，建立基于地理信息系统的空间数据库。在评估模型上，评估师开始尝试使用空间分析模型对区域内房地产价值、特征等变量和参数进行空间分析，从而使评估结果更为精确。

📖【专栏 3 - 6】

计 算 机 辅 助 批 量 评 估 系 统 （CAMA） 的 起 源

19 世纪 50 年代以前，房地产税评估主要依靠评估师实地勘察和手工评估。这种纯人工的操作不可避免地存在评估结果错误、评估结果之间不一致的问题，甚至出现腐败现象。

20 世纪 50 ~ 60 年代，计算机技术被引入房地产税评估，形成了计算机辅助批量评估系统（CAMA）的雏形。计算机技术的引入在一定程度上提高了房地产税评估的准确性和效率。但是，这一时期的计算机辅助批量评估系统开发和建设成本很高，大多数地方政府都负担不起高昂的软件和硬件费用。除了成本高昂这个问题，此时的 CAMA 系统还存在着缺乏灵活性的问题。系统程序一旦设定，将无法修改。这给评估师的操作带来很大的困难和不便。

为了解决 CAMA 系统成本高、缺乏灵活性的问题，林肯土地政策研究院（Lincoln Institute of Land Policy）在 20 世纪 80 年代初期开发了小型在线研究系统（Small On – Line Research，SOLIR）。这个系统可以实现一定程度的客户定制化。这个系统的开发大大降低了批量评估系统的成本和开发所需要的专业技术。到 20 世纪 80 年代末，美国一些私人软件公司和咨询公司开始基于 SOLIR 系统开发计算机辅助批量评估系统，并向地方政府销售。由此，计算机辅助批量评估系统在美国迅速推广。

20 世纪 90 年代，地理信息系统（GIS）引入房地产税评估，并与计算机辅助批量评估系统进行整合，使评估师可以更方便和更准确地获得房屋区位、周围设施、景观等对房屋价值的影响。目前，计算机辅助批量评估系统已经在美国、加拿大和西欧得到广泛应用。在东欧、拉美、亚洲、非洲地区，计算机辅助批量评估系统也在迅速普及。

（资料来源：Jason W. How the Lincoln Institute Helped Bring Property Taxes into The Computer Age［J/OL］. Land Lines，January/April 2021. https：//www. lincolninst. edu/publications/articles/2021 – 01 – city – tech – how – lincoln – institute – helped – bring – property – taxes – digital – age. ）

66. 计算机辅助批量评估系统（CAMA）有哪些基本组成部分？基本功能有哪些？

任何一个批量评估系统，必须至少具有四个子系统：数据管理子系统、交易分析子系统、估价子系统、征管子系统（见图 3-14）。

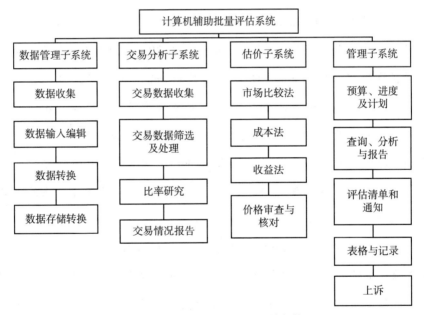

图 3-14 典型的 CAMA 系统架构

资料来源：笔者绘制。

（1）数据管理子系统

数据管理系统是批量评估系统的中心。任何成功的 CAMA 系统都依赖于可靠的数据，用于构成、更新、协调评估模型。所需的数据要素包括：所有权、地图、用途、利用分区、土地和房屋的物理特点、区位、交易数据、收益和费用数据，以及其他相关市场数据等。

数据管理系统包括对数据的采集、录入、编辑、组织、换算、储存，以及安全保障。对数据的质量控制非常关键。因为评估结果的准确性取决于数据的可靠性，而数据管理系统就是用来生成这些数据的。此外，对于大部分批量评估系统来说，数据的收集、换算和维护是成本最高的部分。良好的设计会大大减少系统运行中的成本。

在设计数据管理子系统时，要确定需要收集何种数据，以及维护这些数据的方法。由于数据收集工作需要一定成本，因此，评估部门要确定对于评估来说较为重要的房地产特征数据，同时略去那些冗余的、不重要的特征。有一些房地产特征数据，如房屋是否有车库、卧室数量等，对于评估来说可能不是必需的数据，但是在向纳税人解释评估结果时可能会用到，也必须纳入数据库中。

以下列出数据管理系统必须具备的基本功能：

➢ 数据变量的定义、收集与维护。

➢ 数据可编辑。

➢ 多年度数据处理：能够收集多年度数据，分析多种年度估值，允许检验历年数值并进行趋势预测。

➢ 数据安全性：密码保护和资料备份。

➢ 审查跟踪：能跟踪系统数据和参数的每一个变化，记录实施相关操作的人员。

➢ 建筑边界图处理能力：允许使用工具在建筑边界图上进行测量和计算建筑面积，包括对边界图的修改。

（2）交易分析子系统

交易分析包括交易数据收集、筛选和处理、比率研究和交易信息报告。CAMA 系统应有分析工具用来提取相关房地产交易信息，并能够把这些信息与当前的评估价值进行比较。

比率研究是这一系统的主要成果。甚至可以说，比率研究结果是衡量评估绩效的最好指标，也是检查评估结果、确认再评估中的优先次序、调整评估结果的一个很好的工具。通常情况下，交易分析系统应该支持评估师对房地产属性数据在一定许可范围内的人工修正，并显示该修正对评估结果的影响。典型的 CAMA 系统另外一个功能是能把数据导出到 Excel 电子表格中，由评估师进行进一步分析和假设分析。一些先进的 CAMA 系统可以直接在系统中包含这种功能。

在与其他系统的互动方面，交易分析系统中的比率研究和交易信息报告两部分，要利用估价系统产生的评估值，以及数据管理系统中的房地产特征。比率研究结果在估价系统中可以用来衡量不同评估方法和技术的精确性，在管理系统中可以用于制定预算计划、工作计划和进度表。

以下列出交易分析系统必须具备的基本功能：

➢ 交易编码的定义和编辑：不同的交易编码允许在分析中根据交易的有效性加入或剔除。

➢ 销售相关信息单独存储：销售信息应该独立于分析结果数据进行存储。

➢ 自定义信息查询和报告生成：用户根据需要定义查询条件，能够查询具体交易、相关数据，并生成报告。例如，建设年份、计税依据变化、房地产价格总体百分比变化等。

➢ 统计分析：常见评估中的统计分析功能，如评估销售比、离散系数、价格相关差等。这一功能应当与估价系统建立实时互动。

➢ 价值分析：总结市场价格，确定基准价格并入评估模型。例如，不同市场类型单位价值的平均值、中位数和众数。

➢ 空间信息：利用地理信息系统，允许用户在地图上显示房地产价值、审核数据，以及评价数据的一致性等。

（3）估价子系统

估价系统应能够完成市场比较法、成本法和收益法三种方法的评估，并且应该包括每种评估方法所需要的软件。市场比较法涉及的功能包括统计分析和自动可比实例选取等。成本法涉及的功能包括电子化的成本手册、折旧计算、根据市场对评估值进行修正等。收益法涉及的功能包括资本化率的计算和使用等。估计系统应该能够帮助评估师对三种评估方法得出的结果进行对照，并得出最终评估价值。

估价系统中所使用房地产的特征数据来自数据管理系统，所使用的销售数据和比率研究结果来源于交易分析系统。比率研究结果可以用来对评估模型进行优化，并确定哪个评估结果最好。由评估系统计算出来的价值会用在交易分析和征管系统中。估价系统可以指出帮助数据管理子系统设计人员确定哪些数据项目是有效的评估方法所需要的。

以下列出估价系统必须具备的基本功能：

➢ 内置估价方法：能够使用三类传统估价方法（成本法、收入法、市场比较法），包括每种方法的相关组成。

➢ 重置成本法模型：同成本手册关联，以便建筑物和构筑物成本信息可以经常更新。

➢ 折旧明细表：应具有一定灵活性，用户可以在市场分析后进行更新。

➢ 成本分析：允许用户根据分类和市场分区分析和更新成本手册。

➢ 土地估价：用户可根据需求确定计量单位，如亩、公顷、平方英尺、平方米等，并自动生成标准单位价值和相关调整。

➢ 多元回归分析：主要用于有足够销售案例的区域，能够分析研究已界定的模型比率的分摊价值。

➢ 评估分组：能按用途、区位、楼龄等进行评估分组。

> 评估结果的综合：能把不同估价方法的结果进行综合，并根据课税目的确定合适的值。

> 空间信息：利用地理信息系统，辅助估价人员进行评估分组，并建立评估模型。

（4）征收管理子系统

征收管理系统由一系列功能和活动构成，这些职能和活动有着不同的自动化水平。最先实现自动化的功能是"评估通知单"和"税收通知单"的制作。在一些地方，很多行政职能也已经实现了电子化。

在征收管理系统中，所需要的全部信息来自交易分析、估价或数据管理系统。例如，上诉程序中需要查看估价过程或调取房地产特征数据、交易分析系统的结果等。而上诉处理结果也会反过来影响到其他子系统，诸如评估价值调整、数据更正等。上诉处理结果还会影响到其他征收管理系统的职能，如"评估通知单"或"税收通知单"的制作，预算等。

（资料来源：Michael Lomax. Computer Assisted Mass Appraisal（CAMA）：The components and structure of an effective CAMA System［R］. 北大－林肯中心内部报告，2011.

刘威，Michael Lomax. 房地产税批量评估技术国际经验报告［R］. 北大－林肯中心内部报告，2012.）

67. 计算机辅助批量评估系统（CAMA）开发有哪些主要步骤？

建立适应税收辖区自身需要的 CAMA 系统时，评估部门需要专业人士的帮助。无论是将系统开发工作交给专门的软件公司，还是评估部门自行开发系统，对评估部门工作流程与数据流程的分析与研究都是至关重要的。在对本部门工作有了细致分析的基础上，评估部门要提出对

CAMA 系统的基本需求，使开发人员更加有针对性地进行开发。图 3 – 15
展示了构建 CAMA 系统的主要步骤。

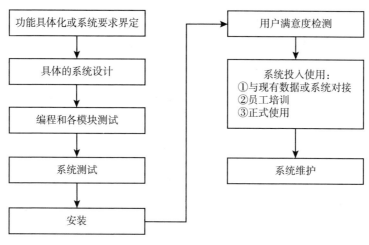

图 3 – 15　CAMA 系统构建

资料来源：Connie Fair，International Association of Assessing Officers，British Co-
lumbia，et al. Real Property Assessment ［M］. University of British Columbia Real Estate
Division，2003.

68. 计算机辅助批量评估系统（CAMA）的软件如何获得？

CAMA 系统所使用的软件可以是硬编码软件，也可以是定制的或者
是通用的软件。在评估部门选择适合自己的软件类型时，要考虑到以下
方面，包括与其他部门数据共享、评估师计算机使用的独立性、系统开
发项目时间限制、评估部门对 CAMA 系统专业技术了解程度等。

硬编码软件通常是从第三方软件开发公司购买的，灵活性十分有

限。通常，基于这类软件开发的 CAMA 系统必须经过软件开发公司修改，才可以满足评估部门需求的变化。如果某地区评估工作依赖于某一特定类型的房地产记录数据或者成本手册，那么这类软件必须基于这些特定的数据类型才能够运作。

用户定制式软件通常是由专门的软件开发商为评估部门开发的。对于一些地方，可以借鉴其他地方成熟的系统，通过必要的修改以适应当地的需要。更加常见的方式是，提供软件的开发商使用同样的开发步骤，根据各地不同的要求来进行开发。

通用的 CAMA 系统软件在使用上并不广泛。因此，其受到程序语言、数据库结构和通信协议的各种限制。

（资料来源：Michael Lomax. Computer Assisted Mass Appraisal（CAMA）：The Components and Structure of An Effective CAMA System ［R］. 北大 – 林肯中心内部报告，2011.

刘威，Michael Lomax. 房地产税批量评估技术国际经验报告 ［R］. 北大 – 林肯中心内部报告，2012.）

69. 计算机辅助批量评估系统（CAMA）对硬件有哪些要求？

CAMA 系统在硬件上有以下选择：主机系统（mainframe）、分布式系统（distributed system）、独立系统（stand-alone system）、网络化系统（networked system）和分时系统（time-share system）。

主机系统中，中央主机中装（存）有评估部门和其他部门所要使用的软件和数据文件。数据处理员负责操作中央主机，负责打印和发送在评估部门无法打印的报告。

分布式系统中，评估部门可以拥有自己的计算机，通过数据接口与中央计算机相连。评估部门相关人员负责使用部门内部的计算机，而对于大规模的打印工作和其他批量处理程序通常由中央计算机处理。

独立系统由各部门各自的计算机组成，操作相互独立。独立系统的优点在于很容易找到适合的软件。但是，由中央计算机保存的文件必须不定期导入每个独立的计算机中。

网络化系统由评估师使用的许多微型计算机组成，可以相互结成网络，也可以和小型计算机、大型计算机系统结成网络。

分时系统是指评估部门从服务机构购买计算机使用时段，而不是购买计算机硬件。这种方式主要存在于计算机技术尚未普及的年代。

（资料来源：Michael Lomax. Computer Assisted Mass Appraisal（CAMA）：The Components and Structure of An Effective CAMA System［R］. 北大－林肯中心内部报告，2011.

刘威，Michael Lomax. 房地产税批量评估技术国际经验报告［R］. 北大－林肯中心内部报告，2012.）

70. 计算机辅助批量评估系统（CAMA）如何与跨部门房地产信息体系进行整合？

在实际工作中，要设计一个完全整合房地产相关部门数据的数据库是很困难的。因为这些数据可能来自土地管理部门、建筑管理部门、评估部门、税务部门、财政部门、规划部门，以及民政部门等。因此，在建立跨部门系统时，特别要注意数据的所有权。数据的所有权必须要明确，包括数据内容、录入，以及维护的权力。跨部门的系统必须是分模块的，以便于各部门可以独立承担责任。

如果 CAMA 系统的开发是与再评估项目相结合进行的，通常不具备充足的时间和灵活性来建立跨部门的系统。不过，再评估过程中建立起来的评估部分也是可以整合到一个跨部门的房地产信息体系中的。

（资料来源：刘威，Michael Lomax. 房地产税批量评估技术国际经验报告［R］. 北大－林肯中心内部报告，2012.）

71. 计算机辅助批量评估系统（CAMA）如何实现系统共享？

一些国家或地区的政府已经意识到开发 CAMA 系统的成本，因此，选择在国家层面或者省级层面已经开发统一的 CAMA 系统，即由国家或省级政府负责开发软件和建立系统，地方政府负责提供计算机硬件。采用这种模式的国家或地区，地方政府往往需要对统一开发的系统进行必要的改造，以适应其硬件设备。

在一些地区，CAMA 系统作为中央系统的一部分，直接提供给各地方政府的评估部门使用。这种模式下，地方政府评估部门只需要安装终端机和打印机，进入中央系统进行操作。

（资料来源：刘威，Michael Lomax. 房地产税批量评估技术国际经验报告［R］. 北大－林肯中心内部报告，2012.）

📖【专栏 3 – 7】

房地产评估与房地产税收评估领域的著名国际组织及其相关技术标准和公开资料

▶ 国际估价官协会（International Association of Assessing Officers，IAAO）

国际估价官协会是房地产税评估与管理领域一个非营利的教育和研

究机构。国际估价官协会成立于 1934 年，到目前已经拥有 8500 多名会员。会员主要来自政府房地产税评估与管理部门、相关企业，以及研究机构。

国际估价官协会出版了一系列房地产税批量评估相关的书籍和技术标准，在北美甚至全球房地产税评估领域得到广泛的采用。以下列出一些主要的技术标准。

➤ 房地产税评估技术标准指南（Guide to Assessment Standards）

➤ 房地产税评估争议处理技术标准（Standard on Assessment Appeal）

➤ 自动估价模型技术标准（Standard on Automated Valuation Models）

➤ 房地产评估服务合同技术标准（Standard on Contracting for Assessment Services）

➤ 电子地籍图和地块识别编码技术标准（Standard on Digital Cadastral Maps and Parcel Identifiers）

➤ 人工地籍图和地块识别编码技术标准（Standard on Manual Cadastral Maps and Parcel Identifiers）

➤ 房地产批量评估技术标准（Standard on Mass Appraisal of Real Property）

➤ 监督部门职责技术标准（Standard on Oversight Agency Responsibilities）

➤ 职业发展技术标准（Standard on Professional Development）

➤ 房地产税政策技术标准（Standard on Property Tax Policy）

➤ 公共关系技术标准（Standard on Public Relations）

➤ 比率研究技术标准（Standard on Ratio Studies）

➤ 动产估价技术标准（Standard on Valuation of Personal Property）

➤ 受环境污染影响的房地产估价技术标准（Standard on Valuation of Property Affected by Environmental Contamination）

➤ 交易确认与调整技术标准（Standard on Verification and Adjustment of

Sales）

除了技术标准，国际估价官协会也有一系列出版物：

➢ Almy R，A Dornfest，D Kenyon. 2008. Fundamentals of tax poli-cy. Kansas City，MO：IAAO.

➢ Eckert J K，R J Gloudemans，R R Almy，eds. 1990.

➢ Property appraisal and assessment administration. Chicago：IAAO.

➢ Gloudemans R，R Almy. 2011. Fundamentals of mass appraisal. Kansas City，MO：IAAO.

➢ Gloudemans R J. 1999. Mass appraisal of real property. Chicago：IAAO.

➢ Johnson M J，C Bennett，S Patterson，eds. 2003.

➢ Assessment administration. Kansas City，MO：IAAO.

➢ Thimgan G E，ed. 2010 Property assessment valuation，3rd ed. Kansas City，MO：IAAO.

➢ The Appraisal Foundation. 2012. （updated annually）.

➢ Uniform standards of professional appraisal practice.

➢ Washington D C：The Appraisal Foundation.

（资料来源：国际估价官协会官网 www. Iaao. org. 以上中文名称非官方翻译。）

▶▶国际财产税协会 （International Property Tax Institute，IPTI）

国际财产税协会是一家非营利组织，成立于 1997 年，总部设在加拿大。该协会致力于支持会员单位发展与维护有效的房地产税体系。具体内容包括：提供公正、客观的政策建议；关于政策制定、检验和实施的战略性建议和咨询，通过创新实践改进政策效果；通过提供教育与培训，来增强专业化并建立技术自信；提供房地产相关信息服务来辅助有效决策。

国际财产税协会主要关注的领域包括：中央与地方政府的角色；房地产税改革——规划、实施与现代化；立法与管理框架；房地产税评估；纳税人服务与教育；审计；经验分享。

（资料来源：国际财产税协会官网 http：//ipti. org/.）

‣美国评估学会（The Appraisal Institute，AI）

美国评估学会是美国最大的房地产评估师的专业联盟。其前身是美国两大房地产评估师协会，分别是成立于1932年的美国房地产评估师学会（AIREA）和成立于1935年的房地产估价师协会（society）。两家机构于1991年合并，成立了美国评估学会（AI）。

美国评估学会的职责是通过全球产业经济学的专业发展，促进评估行业的专业性、职业道德、全球标准、评估方法与实践。美国评估学会可以提供不动产评估方案，进行评估师教育，出版评估文献，加强评估行业与联邦政府的联系，提供行业资源库，并扩大评估行业的全球影响力。通过指定项目、公共事务外联工作、相关教育和出版事业，美国评估学会成为美国乃至全球房地产行业的领导者。

（资料来源：美国评估学会的官网 www. appraisalinstitute. org.）

‣英国皇家特许测量师协会（Royal Institution of Chartered Surveyors，RICS）

英国皇家特许测量师协会成立于1868年，其前身是1792年成立的测量师俱乐部（The Surveyors Club）。经过一百多年的发展，英国皇家特许测量师协会已经成为一家国际性权威机构，会员近14万名，专业领域涉及评估、建筑测量、建造及工料测量、住宅物业、商业物业、农村物业等17个领域。其制定的一系列专业标准被全球主要金融机构和政府部门广泛使用。

（资料来源：英国皇家特许测量师协会官网 www. rics. org.）

‣国际评估准则委员会（International Valuation Standards Council，IVSC）

国际评估准则委员会成立于1981年，是一家非营利组织，制定全球评估专业标准。目前，国际评估准则委员会已经在全球拥有超过 170 个会员组织。

《国际评估准则》（International Valuation Standards）是国际评估准则委员会出版的评估行业标准，具体内容上包括 5 个《一般准则》和 8 个《特定资产准则》。其中，《一般准则》为全部评估业务制定标准，包括评估相关术语、价值基础、评估方法和评估报告等。《特定资产准则》包括对于特定资产类型的评估，包括影响特定资产价值的背景及特点信息，以及在一般评估方法基础上应采用的特殊要求。

以下是《一般准则》的内容：

➤ 框架（IVS Framework）

➤ 工作范围（IVS 101 Scope of Work）

➤ 调查与合规（IVS 102 Investigations and Compliance）

➤ 报告（IVS 103 Reporting）

➤ 价值基础（IVS 104 Bases of Value）

➤ 估价方法（IVS 105 Valuation Approaches and Methods）

以下是《特定资产准则》的内容：

➤ 商业与商业利益（IVS 200 Businesses and Business Interests）

➤ 无形资产（IVS 210 Intangible Assets）

➤ 非金融工具（IVS 220 Non – Financial Instruments）

➤ 存货（IVS 230 Inventory）

➤ 设施与设备（IVS 300 Plant and Equipment）

➤ 不动产利益（IVS 400 Real Property Interests）

➤ 在开发房地产（IVS 410 Development Property）

➤ 金融工具（IVS 500 Financial Instruments）

（资料来源：国际评估准则委员会官网 www.ivsc.org. 以上中文名称非官方翻译。）

72. 房地产税评估与征管中地理信息技术的应用有哪些?

房地产评估中,房地产价值与区位密切相关。区位是一个空间概念,不仅包括地理空间位置,还包括经济和社会相互关系。地理信息系统(GIS)可以通过空间的方式展示和量化区位,弥补了传统评估在区位研究方面的弱点,大大提高评估的效率和准确性。在批量评估中,GIS 的运用可以实现邻里分区的展示与分析、批量选择评估对象,以及空间分析等,是评估师很好的辅助工具。

房地产评估中,应用到的 GIS 主要功能包括:地址匹配、数据库更新、数据查询、空间查询、缓冲区分析、距离计算、框选点、统计建模。房地产税的评估中,GIS 主要是作为评估师的辅助工具,与计算机辅助批量评估系统(CAMA)结合在一起,以提高数据获取和建模的效率和准确性。应用 GIS 的主要环节包括数据收集、评估和质量控制。图 3 – 16 展示了 GIS 在完整的房地产税评估与管理中的应用。

(1)数据收集阶段 GIS 技术的应用

GIS 按照空间结构对数据进行管理,即将点、线、面这些不同的数据按照不同的图层分别储存。GIS 中的数据库可以分为图形数据库和属性数据库两类,描述房地产特征的属性数据可以与描述空间位置的图形数据进行关联。这对于房地产相关数据的管理是十分重要的功能。

数据收集阶段,收集人员可以通过 GIS 的测量功能,在地图上量算距离、面积等,减少了实地测量的工作量,这是 GIS 最常见的应用。而在一些国家和地区,数据收集员会使用手持 GIS 设备,将坐标信息、影像等信息远程输入空间数据库,而后在 GIS 系统中计算面积、长度等,大大提高了数据收集效率。

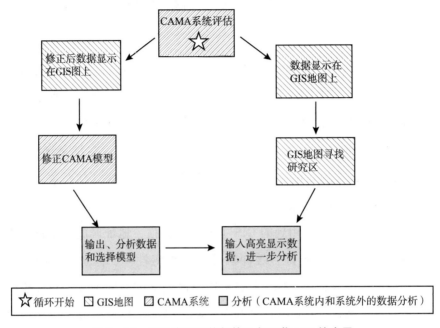

图 3-16　房地产税评估与管理各环节 GIS 的应用

　　还有一些先进的 GIS 技术被运用在房地产税数据收集领域（见图 3-17）。例如，在加拿大不列颠哥伦比亚省，通过正向投影卫星图片、倾斜角度图像、三维立体图像，以及光探测雷达技术（LiDAR），数据收集员可以足不出户就获得地块、建筑物的边界、长宽、面积、高度等数据。通过地理编码功能，GIS 可以自动将其他部门提供的数据与地块、房屋等进行匹配。

　　GIS 还可以实现数据的创建。评估中有一些数据项并不是数据调查人员实地调查中能够获取的，或者是不易在实地调查中获取的。通过 GIS 技术，可以实现这些数据的批量生成。例如，在对湖泊景观的分析中，评估师认为湖泊景观是影响住宅价值的一个变量，所以需要将其量化存入数据库。通过 GIS 的缓冲区分析功能，系统可以自动选择临湖住宅，以虚拟变量的方式生成新的数据项（见图 3 – 18）。

图 3 – 17　使用 GIS 技术进行地图匹配

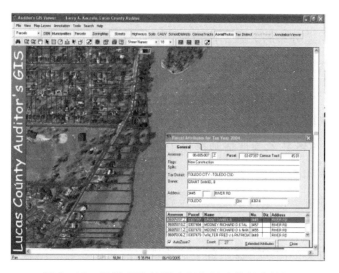

图 3 – 18　使用 GIS 的缓冲区分析功能创建数据

（2）评估阶段 GIS 技术的应用

房地产价值中最重要的影响因素是区位，如何量化区位则是评估的核心。在区位的量化上有两种模型，定位模型和总体模型。定位模型中对区位量化的方法是将市场细分，认为每个单元里的区位影响因素是一致的，可以采用统一的评估模型。总体模型则不进行市场划分，使用模拟曲面的方法对整个地区建立统一的模型。无论哪种模型，GIS 都能够大大提高建模的速度和准确度。

▶**定位模型**

采用定位模型时，评估师会根据已有的数据事先将房地产划分为不同的评估组。划分的原则一是要根据房地产属性的相似度；二是要根据区位影响因素的一致性。评估组划分越细，区位影响越一致，因此，不需要对区位进行调整。针对每一个评估组，评估师会为其建立统一的评估模型。在这个过程中，GIS 主要的作用在于辅助评估师进行评估组的划分。评估师会将收集到的各种图层进行叠加，如行政区边界、地块边界、用途、价格等图层。通过叠加，评估师全面了解行政边界与价格分布，以及用途分布的关系，恰当地划分评估组。

在加拿大不列颠哥伦比亚省，评估局使用 GIS 系统辅助评估师进行市场细分、选择，并调整模型和参数。评估师利用 GIS 系统将具有相同特征的地块或房屋合并为一个评估组（见图 3 – 19），各组采用不同的评估模型。GIS 技术为评估师提供了很直观的空间信息作为参考，提高划分的效率和准确性。在模型的选择上，以土地评估为例。利用 GIS 系统，评估师可以根据待估地块的位置，邻近地块的分组和模型等信息为待估地块选择适当的分组和模型。选择模型后，评估师会选择 GIS 中与评估模型有关的图层，显示各个地块选取的修正系数。结合待估地块信息，评估师对所选模型和参数进行审核，判断是否需要增减修正系数（见图 3 – 20）。

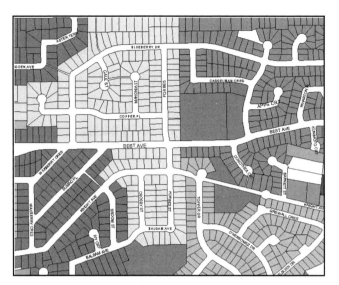

图 3 - 19　利用 GIS 进行评估分组

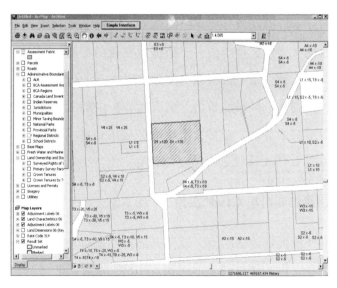

图 3 - 20　利用 GIS 对评估对象选择评估模型和参数

▶总体模型

除了对不同评估组选取不同评估模型的批量评估方法外，还可以使用响应面分析（response surface analysis，RSA）的方法进行评估建模。响应面分析的发展始于 20 世纪 80 年代的林肯土地政策研究院①。1982年，在美国俄亥俄州卢卡斯县的财产税再评估中，响应面分析第一次应用于实际。此后，在美国其他地区也不断有这项技术的尝试和实验。

使用响应面分析方法可以不考虑邻里划分时候出现的对于边界的争论。事实上，在采用定位模型时，评估组或者邻里的边界问题通常会引发纳税人的质疑。而相邻两个房地产，仅仅因为中间被边界隔开就采用不同的评估模型，从而得到差异很大的两个评估结果。这种人为划分邻里所造成的差异，不能很好地反映价值区位分布，也容易引起纳税人的异议。实际中，这种房地产价格的突变往往需要人工进行修正，增加了评估的难度。此外，一旦房地产出现变化，边界的维护也是巨大的工程。

响应面分析恰恰能避开边界的问题。响应面分析是用一个平滑且持续变动的曲面来表示区位价值，类似地形变化的模型。通过 GIS 技术的空间差值方法，评估师可以根据收集到的样本点的价值模拟价值的区位变化曲线，得到整个区域的价值。响应面分析中的区位因素将会是一个百分比乘数形式的变量，非常易于理解和应用。可以说，响应面分析是将 GIS 技术与 CAMA 系统进行结合的典范。

（3）质量控制阶段 GIS 的应用

在房地产税批量评估的整个过程中都需要进行质量控制，以确保数据、评估流程，以及评估结果的正确。GIS 技术最大的优势在于可以给评估师很直观的展示，很容易发现异常值。传统的评估检验大多是运用

---

① 北大 - 林肯中心在线课堂：税收管理的新模型（New Model of Property Tax Administration），主讲人 Jerry German（2016 年 12 月 23 日制作），https：//gdyx. zfwx. com/eduschoolLessonDetail. do? path = bdlk&courseId = 7839&wxId = 442。

统计学方法对评估结果进行整体检验，而不能细化到每一个地块。使用 GIS 技术，评估师可以从具体地块的结果和模型出发，从另一个角度检查评估模型和结果，大大提高了质量控制的效果。

GIS 技术在质量控制中最基础的作用是用于检查地块数据库汇总地理编码的准确性。GIS 系统可以把每个地区的编号用不同的颜色表示出来，而编号不准确的地块将很容易被发现。在数据收集阶段，很容易出现的问题是遗漏房地产信息。评估师可以在 GIS 地图上标注所有已调查房地产，很容易就可以发现数据调查中遗漏的房地产，并及时进行补充调查。

对于评估结果，评估师通常会使用评估价值比率这一指标来描述评估结果的准确性。通过 GIS 分等设置颜色的功能，评估师可以对不同大小、等级的指标值设置不同的颜色，检查整个评估区或者每个评估对象的评估价值比率。对于评估价值比率异常的房地产，评估师可以及时对评估过程和模型进行检查。

预警分析也是 GIS 在质量控制中一个重要的用途。预警分析通过将同一区域某一数据项在不同时期的图层进行叠加，系统会用颜色显示这项数据的变化幅度。例如，将某一评估区域的两次评估结果进行叠加，评估师可以很直观地发现评估结果发生明显变化的地块。通过对地块数据和模型的检查，评估师可以确定评估价值的变化是由于地块本身发生了变化还是评估中出现了问题。

（4）公共关系上 GIS 的应用

房地产税评估结果关系到每一个房地产所有者的利益，因此，房地产税的评估通常是一个很敏感的问题。良好的公共关系可以提升房地产税评估部门的公信力，减少公众对房地产税的质疑。良好公共关系的核心就是要保证评估的透明，保障纳税人对评估过程和结果的知情权。在财产税比较成熟的国家和地区，评估部门都会向公众提供评估结果的查询。公众查询信息的公开程度要根据具体的法律而定。在一些地区，除了纳税人所有的房地产评估价值，纳税人还可以查询相邻房地产的评估信息，甚至是房屋基本信息。

在美国、加拿大等国家，评估部门会基于 GIS 系统，建立网上的财产税评估结果查询系统。纳税人既可以通过房地产的详细地址进行查询，也可以通过 GIS 地图选择要查询的房地产。这样的做法方便了纳税人的查询，也有助于树立评估部门良好的公众形象。

（资料来源：Michael Lomax. Property Assessment Administration［R］. 北大－林肯中心内部报告，2009.

刘威，Michael Lomax. 房地产税批量评估技术国际经验报告［R］. 北大－林肯中心内部报告，2012.

北大－林肯中心在线课堂：税收管理的新模型（New Model of Property Tax Administration），主讲人 Jerry German（2016 年 12 月 23 日制作），https：//gdyx. zf-wx. com/eduschoolLessonDetail. do? path = bdlk& courseId = 7839&wxId = 442. ）

📖【专栏 3 –8】

地理信息系统（GIS）基本概念、功能与发展历程

GIS 是地理信息系统（geographic information system）的缩写。美国国家地理信息分析中心（NCGIA）对 GIS 软件的定义是，用于捕获、储存、恢复、分析和展示空间数据的计算机数据库。在国际估价官协会（IAAO）的《房地产税评估管理》（Assessment Administration）一书中，对 GIS 系统的定义是，用于处理、分析和展示空间信息的硬件软件，以及数据的集合。

通常来讲，GIS 包括三大基本功能①。其中最基本的，也是运用最广泛的功能是地图展示功能。地图展示功能主要包括在地图上展示地理特征、标注相关数据、专题图的制作等。GIS 第二个层次的功能是将地图作为数据库的组织工具。使用者利用 GIS 来创建数据库查询表格，按照空间单元管理和存储数据等。GIS 第三个层次的功能是空间分析，这也是最高层次的功能。空间分析的功能很多，缓冲区分析、叠置分析、拓展空间查询等都属于空间分析。

世界上第一个真正意义上的 GIS 系统出现在加拿大。1962 年，加拿大国家农林开发部在安大略省渥太华市开发了"加拿大地理信息系统（CGIS）"，用于自然资源的管理和规划。CGIS 系统可以实现图层的叠加、测量和电子化，具备了地理信息系统的基本功能。其开发者罗杰·汤姆林森（Roger Tomlinson）博士也被称为"GIS 之父"。

第一个商业化的 GIS 系统出现在 20 世纪 80 年代初。这个系统结合了第一代 GIS 系统和第二代 GIS 系统的优势，不但能够将空间信息与属性信息分别管理，而且实现了属性数据的数据库管理。20 世纪 80 年代和 90 年代，计算机技术和网络技术的快速发展促使 GIS 技术有了进一步的发展。各种 GIS 系统平台逐渐由少数几个 GIS 平台整合，通过网络技术，实现了地理信息的网上共享。目前，GIS 技术已经运用在土地管理、城市规划、交通、电力、环境保护等很多领域。

---

① GIS in Real Estate：Integrating，Analyzing，and Presenting Locational Information ［M］. Appraisal Institute，1998.

附录

房地产税国际经验相关书籍推荐

房地产税国际经验：

- Bahl R, Martinez – Vazquez J. The Property Tax in Developing Countries: Current Practice and Prospects [M]. Lincoln Institute of Land Policy, 2007.

- Bahl R, Martinez – Vazquez J, Youngman J M. Making the Property Tax Work: Experiences in Developing and Transitional Countries [C]. Lincoln Institute of Land Policy, 2008.

- Bell M, Bowman J H. Property Taxes in South Africa: Challenges in the Post – Apartheid Era [C]. Lincoln Institute of Land Policy, 2002.

- Bird R M, Slack E. International Handbook of Land and Property Taxation [C]. Edward Elgar Publishing, 2004.

- Bird R M, Slack E, Tassonyi A. A Tale of Two Taxes: Property Tax Reform in Ontario [M]. Lincoln Institute of Land Policy, 2008.

- Connellan O, Lichfield N, Plimmer F, Vickers T. Land Value Taxation in Britain [M]. Lincoln Institute of Land Policy, 2004.

- Dye R F, England R W. Land Value Taxation: Theory, Evidence, and

Practice [M]. Lincoln Institute of Land Policy, 2009.

- Franzsen R, McClusky W. Property tax in Africa: Status, Challenges, and Prospects [M]. Lincoln Institute of Land Policy, 2017.

- Malme J, Youngman J M. The Develoment of Property Taxation in Economies in Transition: Case Studies from Central and Eastern Europe [M]. World Bank Institute, 2001.

- McClusky W, Bahl R, Franzsen R. Property Tax in Asia: Policy and Practice [M]. Columbia University Press, 2022.

- Netzer D. Land Value Taxation: Can it and Will it Work Today? [M]. Lincoln Institute of Land Policy, 1998.

- Youngman J M. An International Survey of Taxes and Land and Buildings [M]. Kluwer Law and Taxation Publishers, 1994.

- Youngman J M. Legal Issues in Property Valuation and Taxation: Cases and Materials [M]. Lincoln Institute of Land Policy, 2006.

- Youngman J M. A Good Tax: Legal and Policy Issues for the Property Tax in the United States [M]. Lincoln Institute of Land Policy, 2016.

房地产税理论及政策研究:

- Anderson J E, England R W. Use – Value Assessment of Rural Land in the United States [M]. Lincoln Institute of Land Policy, 2014.

- Bell M E, Brunori D, Youngman J, The Property Tax and Local Autonomy [M]. Lincoln Institute of Land Policy, 2010.

- Bahl R, Martinez – Vazquez J, Youngman J. Challenging the Conventional Wisdom on the Property Tax [M]. Lincoln Institute of Land Policy, 2010.

- Bell M E, Brunori D, Youngman J. Erosion of the Property Tax Base: Trends, Causes, and Consequences [M]. Lincoln Institute of Land Policy, 2009.

- Oates W E. Property Taxation and Local Government Finance [M]. Lincoln Institute of Land Policy, 2001.

房地产税评估:

- Castle Ⅲ I H, GIS in real estate: Integrating, Analyzing, and Presenting Locational Information [M]. The Appraisal Institute, 1998.

- Eckert J K, Gloudemans R J, Almy R R. Property Appraisal and Assessment Administration [M]. International Association of Assessing Officers, 1990.

- Gloudemans R, Almy R. Fundamentals of Mass Appraisal [M]. International Association of Assessing Officers, 2011.

- International Association of Assessing Officers. Glossary for Property Appraisal and Assessment: Second Edition [M]. International Association of Assessing Officers, 1990.

- International Association of Assessing Officers. Assessment Administration [M]. International Association of Assessing Officers, 1999.

- UBC Real Estate Division. Real Property Assessment [M]. The University of British Columbia, 2003.

- Urban and Regional Information Systems Association and International Association of Assessing Officers. GIS Guidelines for Assessors: Second Edition [M]. International Association of Assessing Officers, 1999.

参 考 文 献

［1］哈维・S・罗森，特德・盖亚. 财政学（第八版）［M］. 北京：中国人民大学出版社，2009.

［2］亨利・乔治. 进步与贫困［M］. 吴良健，王翼龙，译. 北京：商务印书馆，2017.

［3］刘威，刘申敏. 土地增值回收的国际经验［R］. 北京大学－林肯研究院城市发展与土地政策研究中心. 2019.

［4］刘威，Michael Lomax. 房地产税批量评估技术国际经验报告［R］. 北京大学林肯研究院城市发展与政策研究中心，2012.

［5］满燕云，何杨，刘威. 房地产税改革蓝图［R］. 北京大学－林肯研究院城市发展与土地政策研究中心. 2012.

［6］任强，杨华，马海涛. 对日本房地产保有环节税收政策实践的思考和借鉴［J］. 国际税收，2018，000（005）：29－34.

［7］日本东京都税务局. 都税指南（2018）［EB/OL］.（2020－12－31）［2022－3－17］. https：//www. tax. metro. tokyo. lg. jp/book/guidebookgaigo/guidebook2020c. pdf.

［8］夏良才. 亨利・乔治的单税论在中国［J］. 近代史研究，1980（01）：248－262.

［9］香港特别行政区政府差饷物业估价署. 香港差饷税制：评估征

收及管理［Z］. 2006：49.

［10］约翰·斯图亚特·穆勒. 政治经济学原理［M］. 金镝，金熠，译. 北京：华夏出版社，2017.

［11］中华人民共和国住房和城乡建设部，中华人民共和国国家质量监督检验检疫总局. 中华人民共和国国家标准：房地产估价规范 GB/T 50291 – 2015［S］.

［12］11］中华人民共和国住房和城乡建设部，中华人民共和国国家质量监督检验检疫总局. 中华人民共和国国家标准：房地产估价基本术语标准 GB/T 50899 – 2013［S］.

［13］中国社科院近代史所，等. 孙中山全集（第2卷）［M］. 北京：中华书局，1982.

［14］Anderson J E, England R W. Use-value Assessment of Rural Lands：Time for Reform？［R］. Lincoln Institute of Land Policy，2015.

［15］Almy R. A Global Compendium and Meta – Analysis of Property Tax Systems［R］，Lincoln Institute of Land Policy，Working Paper：WP14RA1，June 2014.

［16］Alterman R. The Land of Leaseholds：Israel's Extensice Public Land Ownership in An Era of Privatization［A］//Leasing Public Land：Policy Debates and International Experiences. Cambridge，MA：Lincoln Institute of Land Policy，2003：115 – 149.

［17］Bahl R W, Martinez – Vazquez J. The Determinants of Revenue Performance［A］//Making the Property Tax Work. Cambridge，MA：Lincoln Institute of Land Policy，2008：35 – 57.

［18］Barvika S. The Property Tax in Latvia：System Structure and Current Challenges［R］. Lincoln Institute of Land Policy，Working Paper WP20SB1，July 2020.

[19] Bird R M, Slack N E. Introduction and Overview [A]//International handbook of land and property taxation. Edward Elgar Publishing, 2004.

[20] Davis J E, Jacobus R, Hickey M. Building Better City – CLT Partnerships: A Program Manual for Municipalities and Community Land Trusts [M]. Lincoln Institute of Land Policy, 2008.

[21] Connie Fair, International Association of Assessing Officers, British Columbia, et al. Real Property Assessment [M]. University of British Columbia Real Estate Division. 2003.

[22] De Cesare C M. Improving the Performance of the Property Tax in Latin America [R]. Lincoln Institute of Land Policy, 2012.

[23] DeWit A. Property and Land Taxation in Japan [A]//Property Tax in Asia: Policy and Practice. Lincoln Institute of Land Policy, Columbia University Press, 2022.

[24] Eckert J K, Gloudemans R J, Almy R R. Property Appraisal and Assessment Administration [M]. International Association of Assessing Officers. 1990.

[25] Franzsen R, McCluskey W. Property Tax in Africa: Status, Challenges, and Prospects [M]. Cambridge, MA: Lincoln Institute of Land Policy, 2017.

[26] German J. New Model of Property Tax Administration [Z/OL]. (2016 – 12 – 23) [2022 – 1 – 20]. https://gdyx.zfwx.com/eduschoolLessonDetail.do? path = bdlk&courseId = 7839&wxId = 442.

[27] Gloudemans R J. Mass Appraisal of Real Property [M]. International Association of Assessing Officers, 1999.

［28］Ingram G K，Hong，Y H. Land Value Capture：Types and Out-comes，Value Capture and Land Policies ［A］//Value Capture and Land Poli-cy. Cambridge，MA：Lincoln Institute of Land Policy，2010：3 - 20.

［29］Ishi，Hiromitsu. Land Tax Refomr in Japan ［J］. Hitotsubashi Journal of Economics，1991，32（01）：1 - 20.

［30］International Association of Assessing Officials. Standard on Proper-ty Tax Policy ［S/OL］.（2020 - 7 - 1）［2022 - 3 - 2］. https：//www. iaao. org/media/standards/Standard_on_Property_Tax_Policy. pdf.

［31］International Association of Assessing Officers. Glossary for Property Appraisal and Assessment - Second Edition ［EB/OL］.［2022 - 3 - 17］www. iaao. org.

［32］International Association of Assessing Officers. Standard on Digital Cadastral Maps and Parcel Identifiers ［S/OL］.（2015 - 1 - 1）［2022 - 3 - 2］. https：//www. iaao. org/media/standards/Standard_Digital_Cadastral_Maps_2015. pdf.

［33］International Association of Assessing Officers，Standard on Ratio Studies ［S/OL］.（2013 - 4 - 2）［2022 - 3 - 2］. https：//www. iaao. org/media/standards/Standard_on_Ratio_Studies. pdf.

［34］International Association of Assessing Officers，Standard on Mass Appraisal of Real Property ［S/OL］.（2017 - 7 - 1）［2022 - 3 - 2］. ht-tps：//www. iaao. org/media/standards/StandardOnMassAppraisal. pdf.

［35］Jason W. How the Lincoln Institute Helped Bring Property Taxes in-to the Computer Age ［J］. Land Lines，2021（1/4）.

［36］KPMG. Gernman Tax Monthly：Information on the latest tax de-velopments in Germany ［EB/OL］.（2021 - 10 - 2）［2022 - 3 - 17］. https：//home. kpmg/de/en/home/insights/2021/09/german - tax - monthly -

october – 2021. html.

[37] Langley A H. Improving the Property Tax by Expanding Options for Monthly Payments [R]. Lincoln Institute of Land Policy, Working Paper: WP18AL1. January 2018.

[38] Lomax M. Training on International Experiences of Property Tax Assessment and Administration [Z]. Peking University – Lincoln Institute Center for Urban Development and Land Policy, 2009.

[39] Lomax M. Property Assessment Administration [R]. Peking University – Lincoln Institute Center for Urban Development and Land Policy, 2009.

[40] Lomax M. Computer Assisted Mass Appraisal (CAMA): The components and structure of an effective CAMA System [R]. Peking University – Lincoln Institute Center for Urban Development and Land Policy, 2011.

[41] Merriman D. Improving Tax Increment Financing (TIF) for Economic Development [R]. Policy Focus Report, Lincoln Institute of Land Policy. 2018.

[42] McCluskey W J, Tretton D J. Valuing and Taxing Iconic Properties: A Perspective from the United Kingdom [J]. Land Lines, April 2013.

[43] Ministry of Strategy and Finance (韩国财政部). A Guide to Korean Taxation (2016) [EB/OL]. [2022 – 3 – 17]. https: //english. moef. go. kr/ upload/eco/2021/02/FILE_20210224095809_2. pdf.

[44] Needham B. One Hundred Years of Public Land Leasing: In the Netherlands [A]//Leasing Public Land: Policy Debates and International Experiences. Cambridge, MA: Lincoln Institute of Land Policy, 2003: 61 –82.

[45] OECD. The OECD Classification of Taxes and Interpretative Guide [M]//Revenue Statistics in Asian and Pacific Economies 2020. Paris: OECD

Publishing, 2020.

［46］ Ro Y. Land value taxation in South Korea ［R］. Lincoln Institute of Land Policy Working Paper: WP01YR1, 2001.

［47］ Smolka M. Implementing Value Capture in Latin America: Policies and Tools for Urban Development ［R］. Policy Focus Report, Lincoln Institute of Land Policy, 2012.

［48］ Swords P. The Charitable Real Property – tax Exemption as a Tax Base – defining Provision ［A］. In Property tax exemption for nonprofits: Mapping the battlefield ［C］. Edited by Evelyn Brody, Washington, DC: Urban Institute Press. 2002: 377 – 379.

［49］ Stocker F D. Proposition 13: A Ten – year Retrospective ［C］. Cambridge, MA: Lincoln Institute of Land Policy, 1991.

［50］ Valuation Office Agency. Council Tax Manual ［EB/OL］. (2018 – 10 – 15) ［2022 – 3 – 17］. https: //www. gov. uk/government/collections/valuation – office – agency – manuals.

［51］ Valuation Office Agency. The Valuation Office Agency's (VOA) technical manual for assessing domestic property for Council Tax ［EB/OL］. (2017 – 5 – 5) ［2022 – 3 – 17］. https: //www. gov. uk/guidance/council – tax – manual/council – tax – practice – notes.

［52］ Youngman J M. The Property Tax in Development and in Transition ［A］//Making the Property Tax Work. Cambridge, MA: Lincoln Institute of Land Policy, 2008: 19 – 34.

［53］ Youngman J M. A good tax: Legal and policy issues for the property tax in the United States ［M］. Cambridge, MA: Lincoln Institute of Land Policy, 2016.

［54］ Youngman J M, Malme J H. An International Survey of Taxes on

Land and Buildings ［M］. Denver·Boston：Kluwer Law and Taxation Publishers，1994.

　　［55］Zodrow G. Who Pays the Property Tax? ［J］. Land Lines，2006，18（2）：14－19.